essentials

essentials liefern aktuelles Wissen in konzentrierter Form. Die Essenz dessen, worauf es als „State-of-the-Art" in der gegenwärtigen Fachdiskussion oder in der Praxis ankommt. *essentials* informieren schnell, unkompliziert und verständlich

- als Einführung in ein aktuelles Thema aus Ihrem Fachgebiet
- als Einstieg in ein für Sie noch unbekanntes Themenfeld
- als Einblick, um zum Thema mitreden zu können

Die Bücher in elektronischer und gedruckter Form bringen das Expertenwissen von Springer-Fachautoren kompakt zur Darstellung. Sie sind besonders für die Nutzung als eBook auf Tablet-PCs, eBook-Readern und Smartphones geeignet. *essentials:* Wissensbausteine aus den Wirtschafts-, Sozial- und Geisteswissenschaften, aus Technik und Naturwissenschaften sowie aus Medizin, Psychologie und Gesundheitsberufen. Von renommierten Autoren aller Springer-Verlagsmarken.

Weitere Bände in der Reihe http://www.springer.com/series/13088

Alfred Jureczek

Soziale Marktwirtschaft harrt auf Erfüllung

Eine Stellungnahme

Alfred Jureczek
Pirmasens, Deutschland

ISSN 2197-6708 ISSN 2197-6716 (electronic)
essentials
ISBN 978-3-658-28844-0 ISBN 978-3-658-28845-7 (eBook)
https://doi.org/10.1007/978-3-658-28845-7

Die Deutsche Nationalbibliothek verzeichnet diese Publikation in der Deutschen Nationalbibliografie; detaillierte bibliografische Daten sind im Internet über http://dnb.d-nb.de abrufbar.

Springer Gabler ist ein Imprint der eingetragenen Gesellschaft Springer Fachmedien Wiesbaden GmbH und ist ein Teil von Springer Nature.
Die Anschrift der Gesellschaft ist: Abraham-Lincoln-Str. 46, 65189 Wiesbaden, Germany

Was Sie in diesem *essential* finden können

- Ein Schrei nach Solidarität.
- Unsere Wettbewerbswirtschaft setzt der Ertragskraft Grenzen. Jede flächendeckende Lohnsteigerung bereitet deshalb den Arbeitern selbst Sorgen, aber noch mehr Frauen, Kindern, Kranken, Rentnern. Die Lohnsteigerung steigert nämlich
    - den Leistungsdruck und
    - die Preise und
    - die Schluchten zwischen den Lohnempfängern.
- Der Anspruch stresst. Höhere Preise mindern Kaufkraft des €uro und Nachfragekraft der Löhne. Wer für Lohnforderungen Geiseln oder Schaden haftbar macht, erkämpft höheren Lohn. Wer dagegen uns Menschen dient, bekommt jedes Mal ein wenig weniger. Er ist auf das schmale Salär angewiesen, das Arbeiter mit ihren Beiträgen leisten.
- Die Urheber der Sorgen befreien sich. Sie übergeben ihre Sorgen wie einen Staffelstab. Die Tafeln, Agenda 2010 und Mindestlohn tragen die Bürde der Verantwortung.
- Ein Schrei nach Solidarität gilt auch der Arbeitszeit. Welcher Hochmut reitet unsere Gesellschaft? Sie überträgt ihre Sorgen für ihre Kranken und Alten an Mexikaner und Inder.

Vorwort

„Mit Gott", das waren die Worte, mit ihnen begann meine Mutter jede Seite des Hauptbuches. Meine Eltern hatten einen Handwerksbetrieb. Sie ritzte drei Kreuze in jedes Brot, bevor sie es anschnitt. Sie traute Hitler, die Koppelschlösser der deutschen Soldaten trugen „Mit Gott". Das war eine Fehleinschätzung. Wir wurden vertrieben.

Ich beginne dagegen gerne mit Gedichten. Viele kenne ich. Ich suche stets das Gedicht, das meiner Stimmung entspricht. Hier ist es Rilke (1899). Ich will mich nicht mit seiner Meisterschaft vergleichen. Die Stimmung stimmt.

> Ich lebe mein Leben in wachsenden Ringen,
> die sich über die Dinge ziehn.
> Ich werde den letzten vielleicht nicht vollbringen,
> aber versuchen will ich ihn.

> Ich kreise um Gott, um den uralten Turm,
> und ich kreise jahrtausende lang;
> und ich weiß noch nicht: bin ich ein Falke, ein Sturm
> oder ein großer Gesang.

Wovon singe ich? Von meinem Vater, er baute ein Haus, wir waren Heimatvertriebene, in den früheren 1950-ern mit 300 DM Lohn und 2 Kindern, Lizzi ging in die Oberschule, ich studierte. Heute kann das kein Arbeiter mit vergleichbarer Arbeit und Lohn. Er ist weit entfernt, das zu können. Verständlich mein Wunsch, den Ring möchte ich vollenden.

Damals, zu meines Vaters Zeit, war die Soziale Marktwirtschaft ein Wunsch. Inzwischen sind wir gewohnt, unsere Soziale Marktwirtschaft über den Schellenkönig zu loben. Ich sehe aber meinen Vater, der ein Haus baute, ich sehe heute vergleichbare Arbeiter, die kein Haus bauen können. Wie dringend das ist, bezeugen Vergleiche mit anderen Staaten. Dort ist das Eigentum an Wohnungen verbreiteter als bei uns.

Was ist los mit unsere Sozialen Marktwirtschaft? Meine Antwort bemüht keine wissenschaftlichen Argumente. Sie gründet in dem Wissen von der Sozialen Marktwirtschaft, in dem Wissen was von ihr, der Sozialen Marktwirtschaft, zu erwarten ist. In dem Wissen über die Ansprüche, die Ziele der Sozialen Marktwirtschaft.

Wird es ein großer Gesang?

Alfred Jureczek

Inhaltsverzeichnis

Die Soziale Marktwirtschaft

1

Verstehen wir unter „sozial" das selbe, wie damals, als unsere Väter sie, die Soziale Marktwirtschaft wollten? Was ist sozial an unserer Marktwirtschaft?

1.1 Was ist Sozial?

Ich will ergründen, was man sich von der Sozialen Marktwirtschaft verspricht. Dazu muss ich zunächst mit dem Begriff „sozial" ins Klare kommen. Es ist nötig, den Begriff so zu verstehen, wie er zu verstehen war, als man die Soziale Marktwirtschaft forderte.

Heute wird „sozial" mehrfach gebraucht. Für „soziale Netze", die Morddrohungen ausrufen, oder Tipps für die Schönheit geben. Auch Lohnforderungen sollen *soziale* Ansprüche erfüllen.

Damals jedoch, als die Soziale Marktwirtschaft als Ziel der Sozialen Marktwirtschaft galt, war „sozial" anders zu begreifen. Solidarisch kommt heute dem damaligen Begreifen von „sozial" nahe.

Damit ist ein Ziel klar. Gefordert wurde die Marktwirtschaft, die solidarisch sich der Allgemeinheit verpflichtet fühlt. Weil er so wichtig ist, wiederhole ich den Satz: Gefordert wurde die Marktwirtschaft, die solidarisch sich der Allgemeinheit verpflichtet. Also auch an die denkt, die nicht in der Wirtschaft eingebunden sind. Die aber von der Wirtschaft abhängig sind. Unsere Kinder, unsere Frauen, unsere Rentner und unsere Nachbarn, die gesundheitlich nicht in der Lage sind, zu arbeiten.

Allzu gerne möchte ich hier sagen, Alle sind nach dem Wert ihres Beitrags zum Wohle der Allgemeinheit zu entlohnen. Doch das würde individuelle Wünsche einschließen. Das will ich nicht. Wer ein bestimmtes Bild sucht, wer einen

© Springer Fachmedien Wiesbaden GmbH, ein Teil von Springer Nature 2020   1
A. Jureczek, *Soziale Marktwirtschaft harrt auf Erfüllung,* essentials,
https://doi.org/10.1007/978-3-658-28845-7_1

bestimmten Hund will muss bestimmte Konditionen akzeptieren. Derlei Sonderinteressen, so verständlich sie sein mögen, haben nichts mit dem Wohl der Allgemeinheit zu tun.

Es gilt also, das Wohl der Allgemeinheit zu fassen. Gleichmacherei ist darunter nicht zu verstehen. Treffend ist unser Bedarf für das tägliche Leben, unser Bedarf an Vermögensbildung.

Dieser Bedarf für das Wohlleben der Allgemeinheit war gefährdet. Gefährdet durch Mächte, die den Markt beherrschten. Kartellabsprachen, Korruption und Vetternwirtschaft waren „en Vogue".

Die Bundesrepublik Deutschland schmiedete zum Schutze der Allgemeinheit Gesetze. Sie bekämpften Kartelle, sie nahmen Korruption aufs Korn. Öffentliche Ausschreibungen wurden vergeben, wenn auf Vetternwirtschaft verzichtet wird.

Und den Arbeitnehmern wurde eine Macht geschenkt. Die Kraft des Streikrechts, im Artikel 9 Grundgesetz[1] festgeschrieben. Er schützt Arbeitskämpfe, *„die zur Wahrung und Förderung der Arbeits- und Wirtschaftsbedingungen von Vereinigungen im Sinne des Satzes 1 geführt werden."*

Mein Fazit, „Solidarisch" ist mein Maßstab! Heute müssen wir von der Solidarischen Marktwirtschaft sprechen, auf die wir harren.

1.2   Was ist Marktwirtschaft?

Zur „Marktwirtschaft" ist vorweg zu sagen, es handelt sich keineswegs um die freie Marktwirtschaft, die allen Kräften freie Hand zugesteht, die alles und jedes jedem am Markt erlaubt.

Der Grundgedanke unserer „Marktwirtschaft" findet sich an der Uni Salamanca. Vor 500 Jahren haben dort Dominikaner, Jesuiten und Franziskaner überlegt, wie der gerechte Preis zu Stande kommt. Zu welchem Ergebnis kamen Dominikaner, Meister des Wortes, Jesuiten, Meister des Geistes, Franziskaner, Hände der Armen? Sie waren überzeugt, gerecht ist der Preis, der am freien Markt gebildet wird. Freier Markt bedeutet Wettbewerb, Wettbewerb unter den Anbietern, Wettbewerb unter den Nachfragern.

Mein Fazit, am Markt müssen sich alle Kräfte frei bewegen können, der Staat hat notfalls für Wettbewerb zu sorgen.

---

[1]Art. 9, Abs. 3 GG.

Warum gibt es sie nicht die *gemeinte* Marktwirtschaft?

Ich spreche von der „gemeinten" Marktwirtschaft, weil sie sozial sein soll, es aber nicht ist.

2.1 Haben wir Kartellabsprachen, Korruption, Vetternwirtschaft besiegt?

Der freie Wettbewerb ist das Muss! Ist dieses Muss so selbstverständlich wie unsere Regel, „du sollst nicht stehlen"?

Unser Wettbewerbsrecht stammt aus dem Jahr 1958. Vorher hatten wir nach der Sozialen Marktwirtschaft gerufen. Sie hat die Kriminalisierung von Kartellabsprachen, von Korruption gefordert. Der Ruf wurde erst 1958 erhört.

Jedoch die Frage ist erlaubt, wie tief verankert ist dieses Gebot in unserer Wirtschaft? Bis in die jüngste Zeit hinein wurden Kartellabsprachen bestraft. Das Gerangel um Diesel zeigt Spuren von Kartellabsprachen. Noch dazu unter dem Schirm des Staates. Zweck des Schirms, Arbeitsplätze, die Mittel heiligen den Zweck.

Ein Wert des freien Marktes ist das Verbot der Korruption. Wie lange hat es gedauert, bis es steuerlich verboten war, Geldgeschenke zur Förderung des Absatzes steuerlich geltend zu machen. Wann musste Herr von Pierer bei Siemens seinen Hut nehmen?

Und die Vetternwirtschaft? In Ausschreibungen wird ihr Verzicht gefordert. Ist es aber nicht so, dass manche Position nur von Mitgliedern einer Organisation besetzt wird. Ich muss an Caron de Beaumarchais denken. Im „Der tolle Tag oder die Hochzeit des Figaro" klagt er.

© Springer Fachmedien Wiesbaden GmbH, ein Teil von Springer Nature 2020   3
A. Jureczek, *Soziale Marktwirtschaft harrt auf Erfüllung*, essentials,
https://doi.org/10.1007/978-3-658-28845-7_2

Man denkt mir ein Amt zu; unglücklicher Weise besitze ich den dafür nöthigen Verstand, erhalte es also nicht. Ein Rechner wurde gesucht, – ein Tänzer angestellt.

Mein Fazit, Kartellabsprachen, Korruption, Vetternwirtschaft sind nicht gebannt. Vielleicht ist es zu viel verlangt, Freunde nicht zu bevorzugen. In öffentlichen Ämtern sollte das jedoch ein Muss sein.

2.2   Wie solidarisch sind unsere Löhne?

Solidarität, wenn, dann ist sie in den Löhnen zu finden. Das ist wohl die allgemeine Meinung. Ist sie dort zu finden?

Als „soziale" Leistung preisen die Lohnpolitiker jede Lohnsteigerung. Ich bin zu tiefst überzeugt, ständige Lohnsteigerungen bringen uns nicht zum Ziel. Das Ziel müsste eine Übereinkunft sein, die jahrelang wirkt, um nicht zu sagen ewig. Ich stelle die Frage, und offensichtlich stelle nur ich die Frage, wo soll die ständige Erhöhung der Löhne enden? Bei Stundenlöhnen von 100 €? bei Mindestlöhnen von 50 €? bei einem Monatslohn von 50.000 €? Da muss doch *vorher* etwas geschehen!!!

Was geschehen soll, will ich erarbeiten. Ich will deshalb zunächst beweisen, Lohnsteigerungen schaden der Kaufkraft, schaden der Nachfragekraft und schaden – das schmerzt besonders – der Solidarität!

2.3   Verlust an Kaufkraft

Zunächst zur Kaufkraft. Wir haben einen Markt auf dem Wettbewerb besteht. Wettbewerb zwischen den Anbietern, und Wettbewerb zwischen den Nachfragern. Die Preise sind in der Regel ausgereizt. Höhere Lohnkosten führen damit automatisch zu höheren Preisen. Ich muss also für eine Leistung, für die ich bisher 100 € hinlegen musste, auf einmal mehr zahlen. Beispielsweise 110 €, was ich vorher für 100 € bekam. Der Wert des Geldes nimmt ab. Das Geld verliert an Wert!

Und das mit jeder flächendeckenden Lohnsteigerung[1]. Ich wiederhole mich, an sich sollte das Ziel von Lohnpolitikern sein, den Lohn zu finden, der Dauer

---

[1]Definition: Als „flächendeckende Lohnsteigerungen" gelten die Lohnsteigerungen, die regional zwischen den Tarifpartnern vereinbart sind.

hat. In unserem Fall ist aber von Haus aus klar, der Lohn überdauert nur die vereinbarte Zeit, etwa ein Jahr. Dann ist der Lohn wieder zu wenig. Warum zu wenig, das erkläre ich gleich.

Und nochmals, eigentlich sollte das Ziel der Lohnpolitiker sein, den Lohn mit Dauer zu finden. Daran besteht offensichtlich kein Interesse. Man will sich streiten, man braucht den Streit.

Tatsächlich verspricht man sich vom Streit mehr Zusammenhalt unter den Mitgliedern, ja mehr Mitglieder. Das entnehme ich einer Broschüre der verdi-Gewerkschaft. Sie organisiert Lohnforderungen bewusst am Konflikt, um die Mitgliederentwicklung zu sichern.

Die Mitgliederentwicklung hat Vorrang vor dem Ziel, eines dauerhaften Lohnes, eines Lohnes, der nicht an Kaufkraft und nicht an Nachfragekraft einbüßt, ein Lohn der solidarisch ist.

Leider sind die meisten davon überzeugt, Lohnsteigerungen seien die einzig richtige Lösung ihrer Probleme. Ihr Denken ist pfadverankert. Deshalb habe ich Bedenken, ob meine Lösung, eines dauerhaften Lohnes, Chancen hat. Wenn, dann müssen es Menschen sein, die pfadunabhängig sind. Sie setzen sich mit Neuem auseinander. Auf sie hoffe ich.

Mein Fazit, mit jeder flächendeckenden Lohnsteigerung ist mehr für die selbe Leistung zu zahlen, der Wert des Geldes schmälert sich in dem selben Maße, oder die Kaufkraft des Geldes sinkt. Warum dann diese Lohnsteigerung?

2.4   Verlust an Nachfragekraft

Jetzt reden wir über den Verlust an Nachfragekraft. Das ist der Betrag, mit dem ich nach einer Lohnsteigerung weniger kaufen kann.

Um den Verlust an Nachfragekraft nachzuweisen, setze ich den zusätzlichen ausgehandelten Bruttolohn mit 1 € an. Ein € lässt sich schön auf jeden beliebigen Betrag übertragen. Das gilt auch für Größen wie Nettolohn, Arbeitnehmerentgelt und Netto- sowie Bruttopreis der Arbeitsleistung.

Die Nachfragekraft dieses Euros ergibt sich nach Abzug der Sozialbeiträge von 0,20 € und der Lohnsteuer, die ich hier mit 0,10 € annehme. Es bleiben 0,70 € übrig. Der Betrag 0,70 € ist zu merken.

Jetzt die Frage, was kann ich mit den 0,70 € kaufen, oder besser, was müssen mein Nachbar, mein Freund, du, er und sie und möglichst viele der soundsovielen 82 Mio. Deutscher zahlen, um meine Leistung zu erwerben.

Da gibt es zunächst die Beiträge, die von den Unternehmern zu zahlen sind. Der Bruttolohn erhöht sich um 20 %, hier also um 0,20 € auf 1,20 €. Die 1,20 € bezeichnet man als „Arbeitnehmerentgelt".

Das Arbeitnehmerentgelt von 1,20 € behalten wir im Hinterkopf. Dort müssten wir auch erfahren, die 1,20 sind zu zahlen für jede Stunde an 260 Tagen. Die Anzahl der Tage ermittle ich aus 52 Wochen je Jahr zu 5 Tagen.

Jetzt kommt die Frage, an wie vielen Tagen wird tatsächlich gearbeitet, wird Leistung geschafft? Leistung für die ich, du, er, sie, mein Bekannter, mein Freund und soundsoviele der 82 Mio. Deutscher bereit sind, zu zahlen. Das sind 208 Tage. Nicht gearbeitet wird an 52 Tagen. Das sind 30 Urlaubs-, 15 Ausfall- und 7 Feiertage. Das ergibt meine offensichtlich schon überholte Meinung. Die Ausfalltage wuchsen inzwischen.

Das bedeutet, der Preis für 208 Tage muss die Kosten der 52 Tage enthalten. 52 Tage sind 25 % von 208 Tagen. Die Kosten der 52 Tage sind auf die 208 Tage drauf zu satteln.

Unser Arbeitnehmerentgelt von 1,20 erhöht sich um 25 % von 1,20, also um 0,30 € auf 1,50 €. Und den Betrag nennen wir Nettopreis der Arbeitsleistung.

Warum Nettopreis? Weil es einen Bruttopreis gib. Den erhalten wir, wenn wir die Mehrwertsteuer beachten. Die übliche liegt bei 19 %. Der Nettopreis von 1,50 € ist um 19 %, das sind 0,285 €, zu erhöhen. Wir kommen auf einen Bruttopreis von 1,785 €.

Er ist um 1,08 höher als der Nettolohn von 0,70 €, mit dem wir am Markt nach Gütern nachfragen können. Ein saftiger Unterschied.

Es hat Zeiten gegeben, da war der Anteil des Nettolohns am Bruttopreis höher als die Hälfte. Ja, und das waren die Zeiten, in denen mein Vater und mit ihm viele Arbeiter Häuser bauten. Mein Vater mit 300 DM-Monatsverdienst beispielhaft und zwei Kindern, je eins in der Schule und im Studium. Ich muss das wiederholen!

Um diesen Zustand von damals zu erreichen müssten die Sozialabgaben von 20 % auf 15 % sinken, die bezahlte, aber nicht geleistete Arbeit von 25 % auf 18 % und die Mehrwertsteuer von 19 % auf 10 % sinken. Dies nur als Beispiel. Das ist nicht zu erreichen, umso wichtiger ist es, den Lohnsteigerungen Einhalt zu gebieten.

Fazit, jede flächendeckende Lohnsteigerung mindert also die Nachfragekraft des Nettolohnes. Warum dann diese Lohnsteigerung?

2.5   Verlust an Solidarität

Heute sprechen wir über den Verlust an Solidarität. Noch einmal sei es gesagt, vor 50 Jahren hätte man von Solidarität nicht sprechen müssen, weil man darunter – wie selbstverständlich – auch soziales Handeln verstand. Heute müssen die Begriffe getrennt werden. Das liegt an den „sozialen" Netzen. Sie können mit Morddrohungen schwadronieren, sie können ebenso gut voller Schönheitstipps von einer Frau eines Fußballspielers sein.

Mir ist hier ein anderer Wandel wichtiger. Wir preisen als soziale Leistung – nicht selten – erstreikte Lohnsteigerung. Die Löhne steigen, viele Geiseln müssen als Begründung herhalten. Löhne steigen, viel Schaden ist bei Streik zu befürchten. So werden höhere Löhne am Konflikt erkämpft, wie sich Verdi-Kämpfer rühmten. Das sind die Gründe, der als „soziale" Leistung gepriesenen Lohnsteigerungen.

Wer aber keine Geiseln hatte, wer keinen Massenschaden anrichten konnte, der bleibt zurück. Es mangelt an Solidarität.

Zum Beweis: 2015 war der Bruttotlohn eines Friseurs bei 20.000 €, der eines Handwerkers bei 30.000 €, der eines Oberarztes bei 80.000 €. Der Unterschied zwischen einem Handwerker und einem Friseur lag bei 10.000 €, das ist die Hälfte des Lohnes des Friseurs. So weit hatten es die Lohnsteigerungen schon gebracht.

Und das System arbeitet weiter. Wenn der Lohn um 1 % steigt, dann sind das beim Friseur 200 €, beim Handwerker 300 €, beim Oberarzt 800 €. Jetzt die Preisfrage, wer bekommt eher 3 % mehr? Der Friseur? Bestimmt nicht!

Selbstverständlich soll der Arzt mehr verdienen als der Handwerker und der Friseur. Aber ist es auch selbstverständlich, dass die Schlucht mit jeder Lohnsteigerung breiter wird? Die Schlucht trennt Menschen, die kein Vermögen bilden können, von Menschen, die im Stande sind, Vermögen mit ihrem Einkommen zu bilden. Genauer, die Schlucht trennt Menschen von Menschen, die noch im Stande sind, mit ihrem Einkommen Vermögen zu bilden. Bei der nächsten Welle flächendeckender Lohnsteigerungen werden wieder welche ausgegrenzt, sie können kein Vermögen mehr bilden.

So werden mit den flächendeckenden Lohnsteigerungen die Schluchten zwischen den Lohnempfängern unterschiedlicher Berufsgruppen immer breiter. So breit, dass immer mehr, sie nicht überwinden können, weil sie mit ihrem Nettolohn knausern müssen, weil sie keine Gegenstände anschaffen können, weil sie letztlich auf Hilfen angewiesen sind. Sie werden um die Chance beraubt, Vermögen zu bilden.

Übrigens das sind Ansprüche, die mit der Sozialen Marktwirtschaft erreicht werden sollten: Nachfragekraft ausreichend für die Beschaffung von gehobenen Gegenständen! Die Soziale Marktwirtschaft dachte noch darüber hinaus, auch an unsere Kinder, die keinen Lohn beziehen, an unsere Frauen, die daheim ihre Pflicht tun, die Soziale Marktwirtschaft hatte die Allgemeinheit im Visier.

Nochmals, weil es so bezeichnend ist, der Mangel an Solidarität wird einmal auch denen schaden, die sich jetzt schadlos halten. Einmal werden ihre Erzeugnisse auch für sie selbst unerschwinglich sein.

Mein Fazit, weil wir mit jeder flächendeckenden Lohnsteigerung an Kaufkraft, an Nachfragekraft und an Solidarität einbüßen, gibt es sie nicht die Soziale Marktwirtschaft! Die als sozial gepriesenen flächendeckenden Lohnsteigerungen verbreitern die Schluchten. Die Solidarität wird wie selbstverständlich mit jeder Lohnsteigerung mit Füßen getreten.

2.6   Tabubruch: Wer bezahlt die Lohnsteigerungen?

Und nun zu der Frage, die ich mir stelle. Eine Frage, die sonst niemand stellt. Ich breche ein Tabu! Wer bezahlt die Lohnsteigerung?

Für alle sind die Arbeitgeber die Zahlmeister der Nation. Sie sind gezwungen, sich als Zahlmeister zu gebärden. Für mich sind sie es nicht. Denn ehrlich, der Arbeitgeber kann die 0,70 € mehr bezahlen nur dann, wenn er bei mir, bei dir, bei ihm, bei unseren Nachbarn, bei unserem Freund und bei soundsovielen der 82 Mio. Deutscher genügend findet, die a) den Betrag von 1,78 € zahlen können und b) bereit sind, ihn zu bezahlen.

Bei dem Verlust an Kaufkraft, an Nachfragekraft und an Solidarität werden das immer weniger sein. Immer mehr beziehen Mindestlöhne, immer mehr eilen zu den Tafeln. Und immer mehr können die Schlucht nicht überwinden, die Schlucht, die sie vom Vermögen trennt. Immer mehr werden auch die darben müssen, die jetzt ihren Lohn wegen der Geiseln, wegen des Schadens beziehen. Schaden, den ein Streik oder ein am Streik organisierter Kampf bewirkte.

Mein Fazit, Arbeitgeber werden als Zahlmeister der Löhne hoch stilisiert. Sie sind es nicht. Den höheren Lohn zahlen wir alle, wir, die wir die Leistungen noch erwerben können, denen die Schlucht noch nicht zu breit ist.

2.7   Ist die Arbeitszeit solidarisch?

Unsere Lohnpolitik verweigert sich immer wieder der Solidarität. Ein weiteres Beispiel ist die Arbeitszeit. Sie ist ständig im Visier der Lohnpolitiker. Für die Lohnpolitiker sind die Arbeitgeber gefühlte Eigentümer der Arbeitszeit. Ich will nachweisen, wir irrig diese Auffassung ist, wie es ihr an Solidarität mangelt.

25- h Woche
Dazu muss ein Beispiel herhalten. Die Linke wollte vor einigen Jahren die wöchentliche Arbeitszeit auf 25 h je Woche verringern. Dem Einwand, das

verteuere die Kosten und Preise, die sich ein Arbeiter nicht leisten kann, entgegneten sie kalten Herzens, dann erhöhen wir die Löhne.

Das mit den Löhnen stimmt nicht. Das haben wir schon erarbeitet. Das hat Die Linke – glaube ich – eingesehen, denn bald sprach niemand von der 25- h Woche.

Trotzdem noch ein Nachschlag, um zu beweisen wie unsolidarisch ihre Forderungen sein können. Wenn wir die Löhne erhöhen, dann steigen die Preise, wir müssen mit unseren höheren Löhnen höhere Preise bezahlen. Bleibt es also bei dem Zustand vor der Lohnsteigerung? Nein, es wird schlimmer, denn mit dem höheren Lohn steigern sich die Abgaben. Ich habe das schon herausgearbeitet, mit höheren Löhnen leidet nicht nur die Kaufkraft, sondern auch die Nachfragekraft, und damit wird die Solidarität mit Füßen getreten.

Hunger

Eine ganz andere Angst befiel mich, als es um die 25- h-Woche ging. Meine Urangst vor der 25- h-Woche hat den Namen: Hunger. Im Krieg habe ich gehungert, in der Nachkriegszeit habe ich gehungert. Warum, weil Bäcker als Soldaten gegen andere Soldaten kämpften, unter denen auch viele Bäcker waren. Das Volk musste hungern. Nach dem Krieg waren viele Bäcker noch in Gefangenschaft, wir hungerten. Jetzt trieb mich im tiefsten Frieden die Angst vor dem Hunger. Die Linke wollte nur 25 h in der Woche arbeiten.

Dazu eine kleine Rechnung. Wir arbeiten etwa 38 h in der Woche. Die Arbeitszeit würde sich also um 13 h, das sind 35 %, verringern. Das bedeutet, von den 40 Mio. Beschäftigter würden 35 % nicht arbeiten wie bisher. 14 Mio. müssten Daumen drehen, 35 % weniger Brot, 35 % also Hunger, 35 % weniger Autos.

Für meinen Hunger gäbe es eine Rettung. Wir exportieren etwa Leistungen im Wert von 1300 Mrd €. Wir exportieren 35 % davon nicht mehr, das sind 841 Mrd €, hurra, die bleiben bei uns in Deutschland, ich bekäme mein Brot.

Kinder, vor allem sie, aber nicht nur sie, müssten dann allerdings auf Bananen verzichten. Für ihren Import fehlte uns das Geld, denn wir exportieren 35 % weniger Autos.

Es ist hier wie in der Natur: Alles hängt mit Allem zusammen. Ein Netzwerk eben. Oder ein Getriebe, wird an einer Schraube gedreht, hat das viel fache Wirkungen. Es gilt sie zu erfassen, >**alle**< Wirkungen.

Mein Fazit, also machen wir uns auf die Suche nach der richtigen Arbeitszeit. Der Arbeitszeit, die nicht gefühltes Eigentum der Arbeitsgeber ist. Die Arbeitszeit, die von der Solidarität geboten wird. Das etwas später.

Soziale Marktwirtschaft im Streit

3

Das was wir Soziale Marktwirtschaft nennen muss wiederholt verteidigt werden. Verstaatlichung, kollektive Lösungen werden gegen die Soziale Marktwirtschaft ins Feld geführt.

3.1 Die Reichsten

Nicht erst seit Kühnert wird den Reichen, vor allem den Reichsten, unterstellt, sie benutzen ihren Reichtum allein zu ihrem Vorteil, sie beuten die Unternehmen aus. Um Reiche und ihr egoistisches Streben auszubremsen, sei eine Vergesellschaftung ihres Eigentums nötig.

Eigenartig an dieser Forderung ist das Wegsehen. Wenn jemand auf Beute aus ist, dann sind es die Gewerkschaften. Ihre Beute erringen sie mit Arbeitskämpfen, die sie am Konflikt organisieren.

Doch werfen wir einen Blick auf die Reichsten. Sie werden von Persönlichkeiten angeführt, für die nach dem Krieg die Stunde „null" schlug. Sie begründeten ihren Reichtum mit Handlungen, zu denen wir alle, fast alle, auch fähig gewesen wären. Wir taten es aber nicht. Deshalb schauen wir heute auf ihren Reichtum.

Obolus

Noch etwas ist hervorzuheben. Fast alle wurden reich, weil sie uns Konsumenten den Erwerb von Waren und Gütern und Leistungen so sehr erleichterten, dass unser Beitrag für ihren Reichtum mit einem Obolus zu vergleichen ist.

Zur Beurteilung des Nutzens gebrauche ich gerne die Fischer-Dübel. In der Naschkriegszeit habe ich ein Regal befestigt. Ich musste dazu zwei Löcher in die

© Springer Fachmedien Wiesbaden GmbH, ein Teil von Springer Nature 2020
A. Jureczek, *Soziale Marktwirtschaft harrt auf Erfüllung,* essentials,
https://doi.org/10.1007/978-3-658-28845-7_3

Wand stemmen, gut das erledigt heute eine Bohrmaschine im Bohrumdrehen. Dann habe ich Holzdübel geschnitzt, sie eingefügt, Gips angerührt, den Dübel vergipst, gewartet bis der Gips trocken war, dann die Schraube befestigt. Heute erledige ich das mit einem Fischer-Dübel im handumdrehen. Für den Dübel zahle ich einen Obolus gemessen an dem Vorteil, den ich gegenüber früher habe.

Die Obolusempfänger
Um die Obolusempfänger beim Namen zu nennen, Blick auf die Tabelle der reichsten Deutschen. An vorderster Stelle finden sich Personen, die durch die Bank nach dem Krieg in der Stunde „null" begannen. Ihre Namen Schwarz, Reimann, Schaeffler, Albrecht, Quandt, Würth, Otto, Plattner, Hopp.

Die Quandts
Eine gewisse Ausnahme ist *Quandt,* er war reich in der Stunde „null". Wenn ich ihn dennoch unter der Stunde „null" einreihe, dann deshalb, er engagierte sich bei BMW, als für BMW die Stunde „null" schlug. BMW lag am Boden, die Übernahme durch Daimler stand bevor. Die Übernahme verhinderten in einer Generalversammlung Kleinaktionäre und Händler. Ein Konzept, das zukunftsweisend war, hatten sie jedoch nicht vorzuweisen. Ihnen ging es allein um die Selbstständigkeit der Marke BMW.

Da kam Quandt. Ergebnis seines Einsatzes sind zig-Tausende Arbeitsplätze und das nicht nur in Deutschland. Das ist zu sehen. Daran will Kühnert teilhaben.

Etwas anderes ist nicht im Blickfeld. Es ist sehr wichtig. Für die Wirtschaft, für Deutschland bedeutsam. Es ist der Wettbewerb zwischen BMW und Daimler. Ihm haben wir die Leistung zu handsamen Preisen zu danken. Mehr noch: Im Wettbewerb mit Daimler gründet das Ansehen der deutschen Automobilindustrie. Ihre weltweite Vorherrschaft ist ohne den Wettbewerb Daimler/BMW undenkbar.

Das ist Quandt zu danken. Ein offiziell Bestellter Vermögensverwalter hätte Daimler den Vorzug gegeben und es gäbe heute nicht den Wettbewerb.

Quandts Erben sind wie er Unternehmer. Was sie als Unternehmer nicht investieren können, was als Investition Arbeitsplätze schafft oder sichert, das stellen sie zur Förderung von Wissenschaft, Technik und Kunst zur Verfügung. Das ist ein Mehrfaches der 1 % oder 1,5 %-igen Vermögenssteuer, die jetzt von der SPD gefordert wird. Mit anderen Worten, sie beuten ihre Unternehmen nicht aus!

Die Reimanns
Mit Quandt nicht vergleichbar ist das Aufstreben von *Reimann.* Seine Stunde „null" schlug als er 1952 einen Chemiezwerg übernahm, er kaufte Calgonit und Kukident hinzu. Als er starb waren seine neun Kinder, alle adoptiert, überrascht,

„heißa, wir sind Millionäre," von dem Reichtum hatten sie keinen blassen Schimmer. Sie dürfen keine leitenden Positionen in den Betrieben übernehmen. Die Leitung soll in Händen von erprobten Menschen bleiben. Keine Spur von Ausbeutung!

Schwarz

Er übernahm in seiner Stunde „null" von seinem Vater 30 Filialen. Er schuf eine neue Organisation, kleinflächige Discountermärkte unter dem Namen Lidl und großflächige Vollsortierer unter dem Namen Kaufland. Heute gibt es – man kann sagen weltweit – Lidl und Kauflandmärkte. Wie ich mich in der Tschechischen Republik überzeugen konnte, genau unter diesen Namen.

Tradierte Einzelhändler bezogen ihr gutes Einkommen aus ihrem Laden, Schwarz unterbot ihre Angebote, der Obolus, den er in Rechnung stellte, vervielfachte sich in seinen Märkten. Unser Obolus schuf seinen Reichtum. Er auch. Nichts von Ausbeutung.

Albrecht Brüder – Aldi

Mit Schwarz vergleichbar ist das Aufstreben der Albrecht Brüder. Auch ihre Stunde „null" schlug nach dem Krieg. Ich meine, sie forderten, wie Schwarz auch, von ihren Kunden einen Obolus, gemessen an den Preisen der herkömmlichen Konkurrenz. Der Obolus nährte ihren Reichtum. Ihre Erben stehen in der Pflicht, mit ihrem Einkommen unternehmerisch zu wirken. Ausbeutung? Nicht erkennbar!

Werner Otto

Werner Otto baute in den 1940-ern einen Einzelhandel in Westpreußen auf. Ihm schlug die Stunde „null" zwiefach. Als mittelloser Flüchtling begann er in Hamburg Schuhe zu fabrizieren, ging aber in Konkurs, machte mit 6000 DM und drei Mitarbeitern einen Versandhandel mit Schuhen auf. Heute hat der Otto-Versand unter der Leitung seines Sohnes einen Umsatz von 15 Mrd. €. Auch er lebt von unserem Obolus. Ausbeutung sieht anders aus!

Schaefflers

Sie kamen aus Oberschlesien, auch sie hatten eine zweifache Stunde „null". Sie gründeten in Herzogenaurach ihr Werk. Begonnen hatten sie mit der Produktion von Knöpfen, bevor sie sich 1949 auf die Produktion von Nadellagern verlegten. Heute sind sie weltweit tätig. Sie haben sich Continental einverleibt. Ihr Erfolg ist nur denkbar durch eine bessere Leistung gegenüber der Konkurrenz. Kein Ausbeuten ist erkennbar.

Adolf Würth

1945 gründete Adolf Würth in Künzelsau eine Firma für den Handel mit Schrauben. Er starb 1954. Das war die Stunde „null" für Frau Alma und Sohn Reinhold (19-jährig), sie übernahmen den 2 Personen Betrieb. Heute ist es eine weltweit tätige Gruppe mit mehr als 75.000 Beschäftigten. Würth forscht. 2017 wurden 25 % des Umsatzes mit Erzeugnissen erzielt, die nicht älter als 3 Jahre waren. Die Unternehmensgruppe verfügt über 550 Patente, 9 Gebrauchsmuster, 480 eingetragene Designs und 6980 aktive Marken. Alles im unternehmerischen Dienst, keine Ausbeutung. Ist das Ausbeutung?

Hasso Plattner und Dietmar Hopp

Plattner, Sohn eines aus Siebenbürgen stammenden Augenarztes, in Berlin geboren, Hopp, Sohn eines Lehrers, in Heidelberg geboren, beide studierten in Karlsruhe Nachrichtentechnik, beide begannen bei IBM, beiden schlug die Stunde „null" als sie 1972 mit Kollegen die SAP gründeten. Sie erfassten alle betrieblichen Vorgänge vom Einkauf über die Erfassung der Produktion, der Lagerhaltung bis zur Auslieferung und der Rechnungstellung. Viele Fachleute mussten ihr Können nicht in Silicon Valley erproben, sie konnten in Deutschland bleiben. Die Vorteile aus der Nutzung von SAP-Produkten lagen auf der Seite der Kunden. Sie fanden einen gläsernen Betrieb.

Hasso Plattner gilt als der größte private Förderer von Wissenschaft und Kunst. Hopp verdingte 2/3 seines Vermögens in Stiftungen. Müßig zu sagen, dass alle Milliardäre Forschung und Wissenschaften unterstützen. Auch hier keine Ausbeutung des Unternehmens.

Mein Fazit, Kühnerts Verdacht, die kapitalistischen Milliardäre beuten ihr Unternehmen aus, ist mehrfach widerlegt. Wenn man das Emporkommen beurteilt, dann kann es nur dem Dienst am und für das Unternehmen zu danken sein. Nur so sind die Tausende von Arbeitsplätzen denkbar, die der unternehmerische Dienst schuf. Was trotzdem übrig bleibt, geht in beträchtlichen Summen in Stiftungen zur Förderung von Wissenschaft, Kunst und sozialen Einrichtungen. Und Kühnert schätzt ihn nicht, den Nutzen des Wettbewerbs!

3.2   Die kollektive Kapitalbindung

Kühnert will die kollektive Organisation an BMW erproben. Ausgerechnet an BMW, deren Bestand im Grunde Quandt zu danken ist. Was haben kollektive Lösungen besser anzubeten als persönliches Engagement?

Nach dem Krieg gab es in der Bundesrepublik genossenschaftlich organisierte Konsum-Läden. Sie hatten keine Chance gegenüber Lidl, Kaufland von Schwarz und Aldi von den Albrechts. Sie waren es, die den Einzelhandel auf den Kopf stellten. Ohne ihre private Initiative ist die Entwicklung undenkbar.

Ohne private Initiative sind Schaeffler, Otto, Reimann und Würth undenkbar. Undenkbar deshalb ihre Bedeutung, undenkbar die Tausende an Arbeitsplätzen im Inland und im Ausland. Gerade die ausländischen Beteiligungen dienen dem Ansehen Deutschlands mehr als selbst der Fremdenverkehr.

Wie schwer täte sich die deutsche EDV ohne Plattner und Hopp? Wie viele hellen Köpfe wären in Silicon Valley gelandet?

Sind die Erträge angemessen?
Die Erträge der Milliardäre sind zweifach zu beurteilen. Einmal aus dem Vorteil, den die Nutzer haben und zum anderen aus dem Vergleich mit anderen Einkommen.

Zur Beurteilung des Nutzens verweise ich auf meine Erfahrungen mit den Fischer-Dübel. Was heute für einen Fischer-Dübel hinzulegen ist, kommt einem Obolus gleich, gemessen an der eingesparten Arbeit.

So kann man sich auch die Vorteile vorstellen, die Kunden von Schwarz und Aldi und Otto und Würth und Reimann haben gegenüber der tradierten Konkurrenz. Heute beziehen wir aus dem Wettbewerb zwischen den Großen unseren Vorteil.

Für den Vergleich mit anderen Einkommen habe ich zwei Ansätze anzubieten. Letztlich geht es um die Frage, muss der Obolus so hoch sein?

Die Preise werden wegen des Wettbewerbs weitgehend durch Löhne bestimmt. Gehe ich von dem Obolus aus, den wir zum Reichtum der Reichsten beisteuern, dann ist der Obolus in einem sehr vertretbaren Verhältnis zu unserem allgemeinen Einkommen.

Der nächste Vergleich ist schwieriger. Ich frage mich, wieviel würden die Arbeitnehmer bereit sein, zu zahlen, um den Arbeitsplatz zu erhalten. Maßstab ist ihr Beitrag an die Gewerkschaften. Er sichert ihre Vertretung im Arbeitsrecht, und liegt meist bei 1 % des Bruttoverdienstes. Wenn ich dem Auftrag an die Gewerkschaften gegenüberstelle, was der Arbeitgeber bereitstellt, um den Arbeitsplatz zu sichern, dann komme ich auf ein Vielfaches des Beitrags. Fangen wir an mit der Organisation des Einkaufs, mit der Bereitstellung des Lagers, mit dem Verkauf, dem Versand, und setzen die Aufzählung fort mit der Bereitstellung des Arbeitsplatzes, mit der Erfassung der Arbeitsleistung, ihrer Vergütung, mit der

Bereitstellung der notwendigen Maschinen, ihrer Wartung, all das und die Finanzierung von dem allen, dann haben wir die Leistungen des Arbeitgebers *in etwa* im Blick. Aus diesen Leistungen ergibt sich ein gefühlter Anspruch des Arbeitgebers für die Bereitstellung des Arbeitsplatzes. Er müsste im Gewinn landen. Dazu kommt es aber in der Regel nicht.

Bereitstellung des Kapitals

Es ist das alte Lied, wer soll das Kapital bereitstellen? Soll es privates Kapital sein oder kollektiviertes?

Ich bin überzeugt, privates Kapital ist effektiver, ist unternehmerischer. Unternehmer setzen es im Unternehmen ein, sie schaffen und erhalten Arbeitsplätze.

Kollektiviertes Kapital macht genau das, was dem privaten Kapitalgebern allzu gerne vorgeworfen wird. Es „beutet" das Unternehmen aus. Mit der Beute wird vielen ein gutes Leben gesichert. Wie das gute Leben gelingt, erkannten wir an der DDR. Der Mangel an Leistungsabruf hinderte den Leistungswillen.

So stehen sich gegenüber, die über Arbeit besseres Leben schaffen, und die von der „geschaffenen" Arbeit besser leben wollen. Ich bin, schon der Würde wegen für den ersten Weg, für das Schaffen von Arbeit.

Es gibt Probleme, da wünscht man sich mehr staatliche Förderung. Ich denke an die Aktivitäten in Afrika. Wir hinken weit hinter den Chinesen her. Es hat den Anschein, als sei die unternehmerische Aktivität überfordert, der Staat ist gerufen. Und der Staat tut nichts, weil er das so gewohnt ist. Das kann ein Manko sein.

Mein Fazit, Unternehmer bleiben auf ihrem Geld nicht sitzen, sie setzen es ein, sie investieren. Es gibt sie also nicht, die Ausbeutung von Unternehmen.

3.3   Krücken der Lohnpolitik

Es ist schon so lange her, dass offensichtlich nur ich mich an ein Bekenntnis der Gewerkschaften erinnere. Sie waren richtig gehend stolz darauf gewesen, Lohnsteigerungen nur im Rahmen der Steigerung der Produktivität zu fordern. Das kam allen zu Gute, auch denen, die keinen Lohn bezogen, auch unseren Kindern. Und es ist schon lange her, da verbaten sich Gewerkschaften jede Bemerkung zu ihrer Lohnpolitik. Selbst positive Bemerkungen wurden als Einmischung verurteilt.

Hätten sich die Gewerkschaften an ihr Credo erinnert, wäre alles viel besser abgelaufen. Ihr Credo, ihr Selbstlob in den Zeiten des vermeintlichen „Wirtschaftswunders" war vergessen.

Grund für das Vergessen

Warum vergaßen sie ihr Credo? Ich habe schon darauf hingewiesen. Die Entwicklung ihrer Mitglieder soll mit dem Kampf um Lohnsteigerungen wachsen. Mit dem Kampf gegen die *mächtigen* Unternehmer. Es sinken die Mitgliederzahlen trotzdem. Besonders schmerzhaft muss der schwindende Grad der Organisation sein. Dem Mehr an Beschäftigten stehen -wenn es gut geht – unveränderte Zahlen an organisierten Gewerkschaftsmitgliedern gegen über.

Unternehmensgewinne, wir sind es Wert

Früher waren die Unternehmergewinne im Visier der Gewerkschaften. Inzwischen haben sie wohl eingesehen, dass Gewinne nötig sind, dass sie nicht so stark steigen, weil der Wettbewerb klappt. Dies alles eine Voraussetzung für Arbeit.

Heute heißt es deshalb: Wir sind es wert! Irgendwie kommt der Verdacht auf, nur sie, die das laut rufen, sind es Wert, andere überhaupt nicht.

Preissteigerungen, mehr Leistung

Sie erinnern sich also nicht an ihr Credo, sie fordern Lohnsteigerungen bei unveränderter Produktivität. Das muss zu Preissteigerungen führen. Da gibt es aber Fälle, da blockiert der Wettbewerb Preissteigerungen. Was geschieht dann? Natürlich ist, mehr Leistung für mehr Lohn zu fordern. Das geht nur eine Zeit lang gut, bald zehrt es an der Leistungskraft, an der Gesundheit. Die Menschen geraten an ihre Grenzen. Die Zahl der stressklagenden Kranken wächst.

Helmut Kohl, keine Bewegung in der Wirtschaft

Die Produktivität trat auf der Stelle. Das war in der zweiten Hälfte der 1980-er Jahre. Es tat sich nichts in der Wirtschaft. Sie schwächelte. Ich habe noch eine Forderung von Helmut Kohl im Ohr. Die Banken sollten in ihren Archiven nachsehen, wie sie das Wirtschaftswunder finanzierten, dann würde die Wirtschaft wieder laufen.

Nur, die Banken taten dasselbe wie zur Zeit des Wirtschaftswunders. Sie fragten, nutzt mein Kredit der Wirtschaft? Wenn Ja, dann ist er rückzahlbar. Die Aussichten waren nicht mehr so rosig. Es tat sich nichts in der Wirtschaft, es gab keine Steigerung der Produktivität. Die Zeiten des Wirtschaftswunders waren vorbei. Die Wirtschaft blieb auf ihrem Niveau.

Bewegung in der Lohnlandschaft

In der Lohnlandschaft tat sich dagegen einiges. Wer Geiseln hatte, konnte den Lohn steigern, wer viel Schaden anrichtete, konnte den Lohn steigern. Wer keine

Geiseln hatte, wer keinen Schaden anrichten konnte, blieb zurück. Das waren meist die, die sich um unser persönliches Wohl bemühten, sei es im Frisiersalon, sei es am Krankenbett.

Übrigens, die Preise stiegen jetzt mehr als die Löhne. Das war eine völlig neue Erfahrung für uns Deutsche.

1. *Krücke: Die Tafeln*

So kam, was kommen musste. Wer sein Brot nicht verdiente, hungerte.

Und damit sind wir bei der ersten Krücke der Lohnpolitik. Es gab Menschen, die sich der Hungernden erbarmten. Sie schufen 1993 die Tafel. Es war in Hamburg. Sie sammelten das Gemüse, das jetzt trotz steigender Löhne keine Käufer mehr fand, sie sammelten auch das Brot, das jetzt trotz steigender Löhne keine Käufer mehr fand. Das Gesammelte boten sie den trotz höherer Löhne jetzt Hungernden an. Und die griffen zu.

Ihrem Beispiel folgten Menschen an vielen anderen Orten. Inzwischen sind es über 900 Tafeln, mit wohl mehr als 40.000 Menschen, ein Heer von Menschen versorgt ausgegrenzte Menschen. Menschen deren Lohn den Bedarf nicht mehr deckt. Das Ziel der Sozialen Marktwirtschaft ist nicht erreicht. Das war also die erste Krücke für den Bestand der ungebremsten Lohnpolitik.

Hank, in der FAS, sagt, die Tafeln gingen Hand in Hand mit den Lohnpolitikern. Hand in Hand hat so etwas geschwisterliches, so etwas auf der-selben-Ebene wirkendes. Das aber ist es nicht. Die Tafeln haben keinen Einfluss auf die Lohnpolitik. Sie sorgen sich um die, die von der Lohnpolitik im Stich gelassen werden, die die Lohnpolitik ausgrenzt. Mir sieht es eher nach einem Stafettenlauf aus. Die Lohnpolitik übergibt den Staffelstab an die Tafeln, und damit sind sie die Verantwortung los, die Tafeln sind in der Pflicht.

Tafeln in der Pflicht

Und sie werden in die Pflicht genommen. Und das ist das Eigenartige an ihrer Freiwilligkeit. Zum Beweis: Als eine Tafel einen Personenkreis aus der Förderung ausschloss, gab es einen Aufstand in den Medien. Die Öffentlichkeit verbot den Freiwilligen, das zu machen, was sie für richtig halten! Die Öffentlichkeit sieht die Freiwilligen in den Tafeln in der Pflicht, denen die Hand zu reichen, denen die Lohnpolitik die Hand entzieht. Kein Blick auf die, die den Staffelstab übergeben. Kein Blick auf die, die sich mit der Staffelübergabe ihrer Pflicht entledigen. Die Staffelübergabe wird in der Öffentlichkeit als selbstverständlich angesehen, sie darf niemand anzweifeln, sie ist für Alle Tabu.

Das Entziehen der Hand ist also selbstverständlich. An sich sollte die Öffentlichkeit, die Allgemeinheit sich fragen, warum sind so viel auf die Hilfe der Tafeln angewiesen? Warum forschen all die Klugen nicht nach den Ursachen? Warum? Weil die Lohnpolitik ein großes Tabu schützt! Es darf nicht gesagt werden, die Lohnpolitik ist schuld an den neuen Tafelkunden. So lange wird die Lohnpolitik für neue Kunden der Tafeln sorgen!

Das war die erste Krücke für die Lohnpolitik. So lange sie die Lohnpolitik unterstützt, so lange harren wir auf die Soziale Marktwirtschaft!

2. *Krücke: Agenda 2010*

Die zweite Krücke ist Schröders „Agenda 2010". Als sich die Mengen vor den Tafeln stauten, hatte Schröder eine Idee. Er forderte und förderte „Arbeit"! Arbeit, die so nicht geleistet wurde, wurde gefordert. Und sie kam. Sein fordern und fördern hatte den gewünschten Erfolg. Die Wirtschaft blühte auf.

Das war die zweite Krücke der verfehlten Lohnpolitik. Das war die zweite Krücke, die der Sozialen Marktwirtschaft Flügel verleihen sollte.

Fazit, Schröders Agenda geht vielen viel zu weit, vielen ist es zu viel, was an Arbeit gefordert wird. Sie rudern heftig zurück. Das führt zwangsläufig zur dritten Krücke.

3. *Krücke: Mindestlohn*

Der Mindestlohn ist die dritte Krücke, die eine verfehlte Lohnpolitik am Leben hält. Eine Lohnpolitik die mehr Lohn denen brachte, die mehr Geiseln hatten, mehr Lohn auch denen, die mehr Schaden anrichten konnten. Zurück blieben Menschen, die in erster Linie für uns Menschen da sind.

Menschen stauten sich bei den Tafeln. Nun erkannten Lohnpolitiker ihren Fehler, sie ließen Menschen zurück, es waren die von der Lohnpolitik Ausgegrenzten, die sich vor den Tafeln stauten.

Jetzt kommt das widersinnige. Statt an der Lohnpolitik etwas zu ändern, denn sie führte zu der Ausgrenzung, forderten sie vom Staat, die Ausgrenzung zu begrenzen.

Sie, die Lohnpolitiker waschen ihre Hände, wie einst Pilatus, in Unschuld. Schließlich landen mit jeder Lohnsteigerung mehr ausgegrenzte Menschen im Mindestlohn.

Schließlich sind für die von der Lohnpolitik ausgegrenzten Menschen der Staat und die Tafeln in der Pflicht. Um mein Bild wieder aufzunehmen, den Staffelstab sind die Lohnpolitiker los, er wurde an die Tafeln und den Staat weiter gereicht.

Verflogener Stolz

Einst, es ist lange her, sehr lange, einst, da waren die Gewerkschaften noch stolz auf ihre Lohnpolitik, da dachten sie noch solidarisch an die, die nicht vom Lohn lebten, die Kinder zum Beispiel.

Ihr Stolz war so groß, sie verbaten sich selbst positive Kommentierungen ihrer Lohnpolitik. Niemand hatte das Recht, über ihre Lohnpolitik zu urteilen, auch positive waren deshalb verboten.

Heute fordern sie Krücken für ihre Lohnpolitik! Heute sind sie auf Krücken angewiesen. Was täten sie, wenn die Menschen in den Tafeln sich weigern, Krücken einer falschen Lohnpolitik zu sein?

Und was täten sie, wenn der Staat sich weigert, Krücke einer falschen Lohnpolitik zu sein? Er hat nach dem Artikel 1 des Grundgesetzes[1] die Pflicht, die Würde des Menschen zu schützen. Und Mindestlohn ist von Grund auf unwürdig! Er behindert die Selbstbestimmung des Menschen und damit seine Freiheit und seine Würde!

Wohin führt die bekrückte Lohnpolitik?

Und wohin soll uns die bekrückte Lohnpolitik führen? Landen wir bei einem Mindestlohn von 100 € und einem Monatsverdienst von 50.000 und mehr €. Darauf steuern wir zu, so kommt es früher oder später, jedenfalls viel zu früh!!! Wie breit müssen die Schluchten zwischen den Löhnen unterschiedlicher Branchen werden, um Vernunft bei der Lohnpolitik walten zu lassen? So lange die Löhne nicht so hoch stiegen wie die Produktivität. so lange hatten Kinder, Frauen, Rentner und all die, die nicht arbeiteten Anteil an der Preisminderung. Das ist vorbei, weil die Löhne mehr steigen als die Produktivität, die ohnehin ausgebremst ist. Kinder werden also teurer, Frauen werden in Arbeit gedrängt, weil das heimische Kinderbetreuen zu teuer wird.

Was hindert die Lohnpolitik an einer solidarischen Politik? Ihre Furcht vor einem Schwund der Mitglieder? Zu ihrem Interesse an einer gedeihlichen Zusammenarbeit führen andere Wege.

Mein Fazit, Tafeln, Agenda 2010, Mindestlohn sind Krücken einer falschen Lohnpolitik und damit Zeugen einer verfehlten Lohnpolitik. Sie rauben den Menschen Freiheit, Würde und Selbstbestimmung.

3.4   Die Verteilung des Grundvermögens in Deutschland

Im Vergleich zu anderen Staaten ist das Grundvermögen bei uns in Deutschland viel schlechter verteilt. Wo anders gibt es viel mehr Grundeigentümer als bei uns. Warum das so ist und warum daran sich nichts mehr bessert, ist hier die Frage.

---

[1] Art. 1, Abs. 1 GG.

Der Wert der Sozialen Marktwirtschaft wird auch an der Verteilung des Grundvermögens gemessen. Warum sich die Lage in Deutschland ständig verschlechtert dafür haben wir Belege. Bei dem Verlust an Kaufkraft, an Nachfragekraft und dem Verlust an Solidarität mit jeder flächendeckenden Lohnsteigerung ist nichts anderes zu erwarten.

Dennoch wird eine Besserung erwartet. Die Politik an einer Besserung gemessen. Maßstab sind die Verhältnisse bei anderen Staaten. Dort ist das Grundeigentum viel breiter aufgestellt als bei uns.

Das lässt sich allerdings erklären. Wir haben durch den Krieg Lasten zu tragen, die andere Staaten nicht in dieser Brutalität erfuhren wie wir in Deutschland.

Da ist vorweg die Zerstörung durch Bomben zu bedenken. Die folgenden Straßenbegradigungen in den Städten. Nicht jeder hatte die Mittel, sein zerstörtes Haus wiederaufzubauen. Das Grundstück wanderte in andere Hände.

Völlig aus dem Gesichtsfeld fallen die vielen Heimatvertriebenen. Sie kamen mit Sack und Pack, manche ohne Sack und Pack. Manche bauten, wie meine Eltern. Die Mehrzahl aber nicht. Das waren bis zu 15 Mio. Menschen. Kein anderer Staat hatte diese Flutwelle zu bewältigen. Wir bewältigten sie. Das ist ein Hohelied auf Deutsche, Einheimische wie Vertriebene.

Hunderttausende Spätumsiedler aus Russland die Wolgadeutschen, Deutsche aus Ungarn, aus Rumänien, Bulgarien und Polen.

Und unsere Wirtschaft benötigte Arbeitskräfte. Wer zählt die Italiener, Spanier, Serben, Kroaten, Griechen und Türken, die hier Fuß fassten und bleiben, gerne bleiben.

Warum bleiben sie so gerne? Unser Sozialsystem ist das Pfand. Da fällt keiner durch das soziale Netz. Unsere Mieter haben Rechte, die sich bewährten. Ausgenommen sind Mieten in Ballungsräumen, dort sind sie umkämpft. Anderswo gibt es Wohnungen zu mieten in ausreichendem Maße.

Eine Beobachtung will ich noch nennen. Bei Luxemburg ist der Mehrwertsteuersatz bei 17 %, Malta hat 18 %, Rumänien und Zypern wie wir 19 %, alle anderen Staaten Europas haben höhere Sätze als wir. Den höchsten mit 27 % hat Ungarn, darunter sind mit 25 % Dänemark, Kroatien und Schweden.

Bei all diesen Staaten ist das Grundvermögen besser verteilt als bei uns. Es sind Staaten, die wesentlich weniger Kriegslasten zu tragen hatten, es sind Staaten, die wesentlich weniger Zuwanderungen zu verkraften hatten. Bei ihnen spielt der Mehrwertsteuersatz eine andere Rolle als bei uns.

Wir haben also aufzuholen. Die Soziale Marktwirtschaft ist gefragt. Wir haben sie aber nicht. Wir können nicht aufholen.

Mein Fazit, kriegsbedingt kämpfen wir mit einem großen Manko, eine Besserung, die eine Zeit lang möglich war, wird durch die Lohnpolitik erschwert.

3.5   Das Wirtschaftswunder

Unser Wirtschaftswunder beweist den Erfolg der Sozialen Marktwirtschaft. So sieht man das allgemein. Ist es tatsächlich ein Wunder? Beweist es tatsächlich den Erfolg der Sozialen Marktwirtschaft? Wir werden sehen!

Erhard

Erhard, der Vater der Sozialen Marktwirtschaft, eigentlich mehr der Taufpate der Sozialen Marktwirtschaft. Erdacht haben die Soziale Marktwirtschaft andere. Ob Erhard oder die anderen, sie sprachen nicht von einem Wirtschaftswunder. Dabei verbinden wir die Zeiten des „Wirtschaftswunders" mit der Sozialen Marktwirtschaft. Grund genug uns das „Wirtschaftswunder" näher zu betrachten.

Wachstum der Produktivität

Es sind die Jahre, in denen die Produktivität der deutschen Wirtschaft schneller wuchs als die Löhne. Die Gewerkschaften waren stolz auf ihre Zurückhaltung. Diente sie doch all denen, die keine Lohnempfänger waren. Ihre Zurückhaltung kam doch der Allgemeinheit zu Gute. Frauen, die nicht bezahlte Arbeit leisteten, hatten etwas von der gestiegenen Produktivität. Auch das Erziehen von Kindern wurde durch die gestiegene Produktivität erleichtert. Kürzlich sagte mein Steuerberater zu mir, da haben Arbeiter mit Kindern Häuser gebaut. Da hatte das Einkommen noch Kaufkraft, da konnten auch Arbeiter noch Vermögen bilden.

„Wie kam es zum Wirtschaftswunder"? Warum hielt Erhard nichts von einem Wunder?

Mechanisierung

Die erste Wurzel des Wirtschaftswunders war die Mechanisierung. Spaten und Pickel wurden durch Bagger weitgehend abgelöst. Wir, Heimatvertriebene bauten, ich grub – anfangs der 1950-er – mit geliehener Schaufel und Pickel die Baugrube aus. Wer später baute, nutzte einen Bagger. Was er kostete war durch Arbeit zu verdienen.

Ein anderes Beispiel, die Mechanisierung der Halbkreisingenieure, Straßenfeger sind gemeint, ihre Arbeit, kehren im Halbkreis, wurde durch Maschinen abgelöst. Die Maschinen forderten mehr Verantwortung, sie führten zu höheren Löhnen.

Das sind nur einige Beispiele für die Mechanisierung. Sie erfasste alle Bereiche. In Büros waren es die Schreibmaschinen, im Haushalt die Waschmaschine.

Mein Fazit, mit der Mechanisierung stieg die Zahl der Arbeitsplätze und die Ansprüche an die Beschäftigten. Die Löhne wuchsen mit den Ansprüchen an die Arbeitsleistung. Das war etwa in den auslaufenden 1940-ern und weit in die 1950-er hinein.

Rationalisierung

Die zweite Wurzel des Wirtschaftswunders heißt: Rationalisierung! Ich war Kreditsachbearbeiter in der Bayerischen Landesanstalt für Aufbaufinanzierung, unsere Aufgabe, Landesbürgschaften für Kredite zu bearbeiten. Die Bürgschaften galten vor allem Betrieben Vertriebener. Ihnen mangelte es naturgemäß an den üblichen Sicherheiten. Unser Ziel, so viele Arbeitsplätze wie möglich schaffen. Und so förderten wir über Jahre hin die Mechanisierung.

Dann kam die Order, Investitionen, die der Rationalisierung dienen, zu finanzieren. Rationalisieren bedeutet Stellenabbau! Aber rationalisieren bedeutet auch, das wussten wir akademisch gebildeten Sachbearbeiter, kostengünstigere Produktion, nachlassende Preise, was eingespart werden kann, kann andererseits ausgegeben werden.

Also rationalisierten wir. Was zunächst wie ein Stellenabbau aussah, mauserte sich zu mehr Angebot, das zu günstigeren Preisen, zu noch mehr und besser entlohnten Arbeitsplätzen.

Die Ansprüche an die werkende Bevölkerung stiegen, mit ihnen also die Löhne. Vorwegnehmen möchte ich, die Löhne stiegen „solidarisch". Sie wurden einerseits den höheren Ansprüchen gerecht, hielten aber noch Bodenhaftung zu den Branchen, die von der Mechanisierung und der Rationalisierung nicht betroffen waren. Das waren die Berufe rund um uns Menschen. Sei es beim Friseur, sei es im Krankenhaus. Das war Ende der 1950-er bis Ende 1960-er.

Kunststoff

Nun zur dritten Wurzel des Wirtschaftswunders. Was dann kam, zeichnete sich schon zu Beginn der 1960-er ab. Die Chemische Industrie begann mit der Produktion von Kunststoff. Eine meiner letzten Arbeiten in der Bayerischen Landesanstalt für Aufbaufinanzierung (LfA) betraf die Bürgschaft von 10 Mio DM für ein Kunststoffwerk der Farbwerke Hoechst im bayerischen Chemiedreieck. Für jeden Antrag war die Stellungnahme des Regierungsbezirks nötig. Es eilte, um den Schriftweg zu umgehen, rief ich an. Antwort: „Ja, endlich!" Der Zweck, Erzeugung von Kunststoff, bedeutete eine tiefere Nutzung des Rohstoffes Erdöl.

Die allgemeine Verwertung des Kunststoffes begann um das Ende der 1960-er und den Beginn der 1970-er Jahre.

Der Kunstsoff ersetzte tradierten Werkstoff. Metall und Holz wurden zunehmend durch Kunststoff ersetzt. Die unterschiedlichsten Produktionsverfahren wurden entwickelt, Kunststoff wird gespritzt, geblasen, gezogen, geschäumt, um die wichtigsten der möglichen Verarbeitungen zu nennen.

Für die Produktionsverfahren waren neue Maschinen notwendig, sie benötigten neue Werkzeuge. Die Designer fanden immer wieder neue Formen, die mit den alten Werkstoffen nicht zu machen waren.

Hochachtung gebührt den Verkäufern. Sie mussten den Markt für den neunen Werkstoff schaffen. Sie mussten Menschen überzeugen, dass beispielsweise ein Kunststofffenster länger hält als ein Holzfenster, dass es besser gegen Kaltluft abschirmt. Sie waren erfolgreich!

Das hatte Folgen am Arbeitsmarkt. Arbeiter waren gesucht, gesucht auch im Ausland. Es kamen Jugoslawen, Griechen, Spanier, Italiener, so sie nicht schon hier waren. Sie kamen zu Tausenden, sie wurden integriert. Und wir mit ihnen. Wir lernten die Pizza lieben, wir berauschten uns am griechischen Wein. Und wir eiferten ihnen nach. Die Italiener waren die ersten. Sie feierten auf unseren Straßen den Gewinn der Fußballweltmeisterschaft. Wir machte es später wie sie. Wir hissten die lange verpönten deutschen Farben, wir feierten auf den Straßen.

Internationale Arbeitsteilung
Und nun zur vierten Wurzel. Die Löhne stiegen mit den Ansprüchen. Da wo die Ansprüche nicht so hoch waren, aber trotzdem Arbeit erforderte, fehlte es an Menschen. Da sprang der internationale Markt ein. Wir übertrugen lohnaufwendige, anspruchslose Arbeiten an Unternehmen im Ausland. Selbst Staaten im fernen Osten waren uns nicht zu weit. Das war in den 1980-ern.

Folgen des „Wirtschaftswunders"
Das waren die „Wirtschaftswunderjahre"! Schnell erklärt! Die Löhne stiegen „sozial". Noch war der Begriff „sozial" nicht durch den Gebrauch in Netzwerken besetzt, die andere verunglimpfen, um mich nicht drastischer auszudrücken. Noch war „sozial" so viel wie „solidarisch."

Soziale Marktwirtschaft
Doch die Soziale Marktwirtschaft war nicht im Takt. Noch kämpfte man mit Kartellen, mit Korruption, noch mit der Vetternwirtschaft.

Mein Fazit was wir als Wunder sehen, hat natürliche Ursachen: Schübe der Produktivität sind die Ursachen für das „Wirtschaftswunder". Sie sind kein Beweis für die Wirksamkeit der Sozialen Marktwirtschaft.

3.6   Wohlfahrt hat trotz Irrfahrt Vorfahrt

In Deutschland gilt die Wohlfahrt. Die Politik räumt ihr Vorfahrt ein. Ist diese Vorfahrt eine Irrfahrt?

Die Soziale Marktwirtschaft, von ihr reden wir, wenn wir über Wirtschaft reden. Wir lassen keine Gelegenheit aus, um *unsere* Soziale Marktwirtschaft in den Himmel zu heben. Es gibt wenige, die verweigern der Sozialen Marktwirtschaft den Himmel. Das was wir haben nennen sie soziale Wohlfahrtswirtschaft. Für sie sind wir ein Wohlfahrtsstaat!

Tatsächlich, die Wohlfahrt hat Vorfahrt in Deutschland. Natürlich kann man der Meinung sein, wenn der Staat für die allgemeine Wohlfahrt besorgt ist, dann haben wir ausgesorgt. Wer das mit Entzücken hört oder liest, vergisst: Die Wohlfahrt hat Eltern. Das sind Leistungswille und Leistungsabruf!

Die Allgemeine Wohlfahrt lebt von Leistungen. Leistungen, die abgerufen werden. Sie, die abgerufenen Leistungen bestimmen also die Wohlfahrt, ihre Möglichkeiten. Und ihre Grenzen. Deshalb sind Leistungswille und Leistungsabruf vorrangig. Die Vorfahrt der Wohlfahrt gerät zu einer Irrfahrt.

Apropos Leistungswille. In der Irrfahrt vergessen wir die Freude an der Leistung. Sie schafft den selbstbestimmten Menschen. Sie verleiht den Menschen – jetzt allen Ernstes – die Würde, die Freiheit. Sie sind die Grundlage der Schaffenskraft, von der die Wohlfahrt abhängt.

Mein Fazit, keine Wohlfahrt ohne Schaffenskraft, ohne Selbstbestimmung, ohne Würde, ohne Freiheit. Es gilt: Leistungswille ist zu hegen und zu pflegen!

3.7   Der Artikel 9 Grundgesetz

Ich bin kein Professor der Jurisprudenz. Ich bin erst recht kein Fachmann für das Recht des Grundgesetzes. Ich bin einer der Millionen Deutscher für die das Grundgesetz erarbeitet wurde. Als einer der Deutschen sage ich, was mir das Grundgesetz sagt.[2]

Der Artikel 9 lautet.

1. *Alle Deutschen haben das Recht, Vereine und Gesellschaften zu bilden.*
2. *Vereinigungen, deren Zwecke oder deren Tätigkeit den Strafgesetzen zuwiderlaufen oder die sich gegen die verfassungsmäßige Ordnung oder gegen den Gedanken der Völkerverständigung richten, sind verboten.*

---

[2]Art. 9, GG.

3. *Das Recht, zur Wahrung und Förderung der Arbeits- und Wirtschafts-*
bedingungen Vereinigungen zu bilden, ist für jedermann und für alle Berufe
gewährleistet. Abreden, die dieses Recht einschränken oder zu behindern
suchen, sind nichtig, hierauf gerichtete Maßnahmen sind rechtswidrig. Maß-
nahmen nach den Artikeln 12a, 35 Abs. 2 und 3, Artikel 87a Abs. 4 und Artikel
91 dürfen sich nicht gegen Arbeitskämpfe richten, die zur Wahrung und Förde-
rung der Arbeits- und Wirtschaftsbedingungen von Vereinigungen im Sinne des
Satzes 1 geführt werden.

Wohl der Allgemeinheit und des Einzelnen

Unser Grundgesetz tariert das Wohl des Einzelnen mit dem Wohl der Allgemeinheit aus. Im Ernstfall siegt das Allgemeinwohl. Zu lesen im Artikel 14. Er
bestimmt, Eigentum verpflichtet, sein Gebrauch soll zugleich dem Wohle der Allgemeinheit dienen, zum Wohle der Allgemeinheit ist eine Enteignung möglich.

So austariert ist die Bestimmung im Artikel 9 nicht. Sie gibt letztlich den
Gewerkschaften das Recht zu streiken, wenn sie die Wahrung und Förderung der
Arbeits- und Wirtschaftsbedingungen gefährdet sieht. Selbst Polizei und Bundes-
wehr, so sie zur Beseitigung von Schäden aufgerufen sind, dürfen nicht gegen
Folgen von Streiks eingreifen.

Der Artikel 9 spricht die Grenzen nicht an. Er bestimmt keine Grenzen für die
Streiks. Er sieht keine Gefährdung des Wohles der Allgemeinheit durch Streiks.

Das hat einen Grund. Die Väter des Grundgesetzes sahen einen Feind für das
Allgemeinwohl: Unternehmer. Sie konnten in Kartellen Preise, Inhalt, Qualität,
Verteilungsgebiete absprechen, sie konnten auf Teufel hinaus bestechen, Kosten
der Bestechung waren steuerlich absetzbar, Vetternwirtschaft herrschte.

Das meiste ist heute kriminalisiert. Gewerkschaften haben das Recht, jeden
Unternehmer vor den Kadi zu zerren, der gegen den Wettbewerb verstößt, der
besticht. Das Recht der Mitbestimmung gewährt den Beschäftigten Einblick in
die Entscheidungen der Unternehmer. Die Arbeits- und Wirtschaftsbedingungen
sind einklagbar. Kein Unternehmer ist in der Lage, die Arbeits- und Wirtschaftsbedingungen zu torpedieren.

Im Grunde bleibt im Wesentlichen zur Wahrung der Arbeits- und Wirtschaftsbedingungen nur die Lohnvergütung.

Streik wegen der Löhne

Nach Artikel 9 können Löhne ohne Rücksicht auf das Allgemeinwohl erstreikt
werden. Und es geschieht, siehe Eisenbahnerstreik. Siehe verdi Broschüre.
Sie bricht eine Lanze für die Organisation von Lohnforderungen bewusst am

Konflikt. Er festigt den Zusammenhalt, er bietet Chancen für neue Mitglied-
schaften. Einvernehmliche Absprache nutzen nicht dem Zusammenhalt. Der
Widerstand der Unternehmer wird deshalb provoziert.

Der Artikel 9 sieht alle Schuld bei den Unternehmern
Die Schöpfer des Grundgesetzes sahen das Wohl der Allgemeinheit gefährdet
durch die Macht der Unternehmer. Diese Schuldzuweisung ist wohl maßgebend
für die Gestaltung des Artikel 9. Er setzte der Macht der Gewerkschaften keine
Grenzen, Grenzen zur Wahrung des Gemeinwohls. Diese Gefahr war damals
nicht erkennbar. Vielleicht hat man von den Gewerkschaften auch keine Maßnahmen gegen das Wohl der Allgemeinheit erwartet. Gewerkschaften verpflichten
sich in ihren Satzungen dem Wohl der Allgemeinheit.

Grenzen der gewerkschaftlichen Forderungen
Es gibt seit langem keine Streiks zur Wahrung und Förderung der Arbeits- und
Wirtschaftsbedingungen. Es gibt Streiks für höhere Löhne, für kürzere Arbeits-
zeiten. Es gibt Streiks, die dem Wohl der Allgemeinheit schaden. Es empfiehlt
sich also, im Artikel 9 das Streikrecht einzudämmen. Das sind juristische Gründe.
   Neben diesen rein juristischen Gründen gibt es die tatsächlichen Gründe.
Sie sind schon aufgeführt. Die Verluste an Kaufkraft, an Nachfragekraft und an
Solidarität. Das Vergehen gegen unsere Nachkommen, wenn wir an der Arbeits-
zeit basteln.

Förderung der Entwicklungsländer
Die meisten Gewerkschaften verpflichten sich in ihren Satzungen zur Förderung
von Entwicklungsländern. Diese Förderung wird mit jeder Steigerung der Löhne
mit Füßen getreten. Jede Lohnsteigerung raubt Beschäftigten in Entwicklungsländer
die Chance aufzuholen. Raubt ihnen die Chance, mit ihren Erzeugnissen am Welt-
markt zu punkten. Damit beeinträchtigen die Lohnsteigerungen den Welthandel.
   Was suchen wir?
   Mit Lohnsteigerungen soll sich die Lage der Beschäftigten verbessern. Sie tut
es nicht. Das werden viele nicht begreifen. Ihnen ist etwas anzubieten, das mit
den Lohnsteigerungen vergleichbar ist. Das ihre Lage verbessert. Das geschieht
in den folgenden Ausführungen.
   *Mein Fazit, das Grundgesetz ist dem Allgemeinwohl verpflichtet. Das All-
gemeinwohl kann im Artikel 9 nicht ausgegrenzt werden. Streiks, allein um den
Zusammenhalt zu kräftigen, sind gegen den Sinn der Grundgesetzes. Davon die
Beteiligten zu überzeugen ist schwierig.*

4

Ist sie zu retten die Soziale Marktwirtschaft? Ich weiß es nicht. Was ich weiß, wir müssen es versuchen. Wichtig ist eine ausgewogene Lösung für die Lohnempfänger. Einige Schritte hin zur Sozialen Marktwirtschaft. Die Schritte, an die ich denke, will ich hier zeigen.

4.1 Werte

Wir richten unser Leben ein. Dazu gehört das Erkennen von Werten und der Respekt vor ihnen. Wie die „Zehn Gebote" selbst die begleiten, die nicht an Gott glauben, so muss es auch für unser Leben in der Öffentlichkeit Werte geben. Sie sind der Kompass, das Leitbild, das Ziel für unser Handeln.

Freiheit
Damit ist nicht die Freiheit gemeint, die wir Menschen uns nehmen oder geben, wie beispielsweise freie Liebe, die Freiheit in ein anderes Land zu reisen. Ich hänge den Begriff höher auf, beim Naturrecht, ich wähle als Gläubiger die Genesis.

> **Übersicht**
>
> Gott schuf also den Menschen als sein Abbild;
> als Abbild Gottes schuf er ihn.
> Als Mann und Frau schuf er sie.

© Springer Fachmedien Wiesbaden GmbH, ein Teil von Springer Nature 2020
A. Jureczek, *Soziale Marktwirtschaft harrt auf Erfüllung,* essentials,
https://doi.org/10.1007/978-3-658-28845-7_4

Wenn der freie Gott den Menschen nach seinem Abbild schuf, dann schuf er ihn auch als freien Menschen. Unsere Freiheit ist gottgewollt oder, wem der Gottbezug nicht passt, für den sei die Freiheit ein *Naturrecht.*

Wenn nicht im 21. Jahrhundert, wann dann haben wir dieses Naturrecht zu beherzigen. Mehr als unsere Vorfahren wird uns dieses Recht zur Pflichtaufgabe.

Wir beginnen eine Bildungsoffensive. Was erwarten wir von ihr. Duckmäuser wie sie einst vor den Herren, vor den Chefs kuschten? Doch nicht! Zu erwarten sind Menschen, die Acht haben auf ihre Freiheit! Denen die Freiheit ein Wert ist!

Würde

In unserem Grundgesetz heißt es im Artikel 1:

> 1. Die Würde des Menschen ist unantastbar.

Den Satz kennt jeder, wer kennt den Zusatz? Wer ist klüger als ich?

> 2. Sie zu achten und zu schützen ist Verpflichtung aller staatlichen Gewalt.

Die Soziale Marktwirtschaft will jeden, der arbeitet, die Möglichkeit geben, seinen Unterhalt aus seinem Einkommen zu bestreiten. Die Tafeln – soweit sie Beschäftigten helfen, die Agenda 2010 und der Mindestlohn sind nötig, weil wir sie nicht haben die Soziale Marktwirtschaft. Weil wir den Beschäftigten die Würde nehmen, selbst für den eigenen Bedarf aufzukommen. Wer meine Überzeugung teilt, für den gibt es wie für mich nur einen Schluss: Der Staat tut nichts, um seine Verpflichtung zu erfüllen, die Würde zu achten und zu schützen.

Im 21. Jahrhundert sind wir in der Pflicht, die Würde an einen kleinen Maßstab zu messen. Wir sind weiter denn je vom Gottesgnadentum der Herrscher entfernt, wir sind weiter denn je, von den ehemaligen Rechten der Arbeitgeber entfernt. Wir sind in der Pflicht, unsere Würde zu wahren.

Selbstbestimmung

Schiller. In seiner „Gesetzgebung des Lykurgus (Sparta) und Solon (Athen)"

> Der Staat ist niemals Zweck, er ist nur wichtig als eine Bedingung, unter
> welcher der Zweck der Menschheit erfüllt werden kann, und dieser Zweck
> ist kein anderer als Ausbildung aller Kräfte der Menschen Fortschreitung.
> Hindert eine Staatsverfassung, dass Kräfte, die im Menschen liegen, sich
> entwickeln, hindert sie die Fortschreitung des Geistes, so ist sie verwerflich
> und schädlich, sie mag noch so durchdacht und in ihrer Art noch so voll-
> kommen sein.

Der Staat hat nicht den einen Zweck, Menschen unter die Arme zu greifen.
Sei Zweck ist die Fortentwicklung des Menschen zu fördern. Mit der Fortentwicklung werden Hilfen überflüssig. Ohne Fortentwicklung ist jede Gesetzgebung wertlos. Ziel der Fortentwicklung kann nur die Selbstbestimmung sein.
Sie ist seit Schiller ein „muss". Im 21. Jahrhundert unverhandelbar.

Die Fragen
Jetzt die Frage, an der meine Arbeit hängt. Welche Selbstbestimmung, welche
Würde, welche Freiheit haben Menschen, die zu den Tafeln eilen müssen? Was
geschieht mit ihnen, wenn die Tafel keine Helfer finden? Oder wenn die Helfer
nur denen helfen, die nicht in Brot und Arbeit stehen.

Wie steht es um die Würde der Menschen, der seinen Unterhalt aus seinem
Lohn nicht bestreiten kann? Der angewiesen ist auf den Staat. Er muss den
Mindestlohn festsetzen. Den Mindestlohn der sich aufdrängt. Wer Geiseln hat,
wer Schaden anrichtet, der erstreikt höhere Löhne. Sie schlagen Schluchten zu
denen, die keine Geiseln haben, die keinen Schaden anrichten können. Das Glück
hängt davon ab, ob und wie hoch der Staat den Mindestlohn festsetzt.

Wo enden die ständigen Lohnsteigerungen?. Ich muss diese Frage wiederholen. Bei einem Mindestlohn von 100 €? Bei einem Monatslohn von 50.000 €?
Sollte nicht vorher dieser Entwicklung Einhalt geboten werden?

Sollte nicht vorher Einhalt geboten werden der ständigen Verbreiterung der
Schluchten zwischen denen, die Geiseln haben oder denen, die Schaden anrichten
können, und denen, die keine Geiseln haben, die keinen Schaden verursachen.
Sieht niemand, wie die waschsenden Schluchten für immer mehr unüberwind-
bar werden? Werden nicht immer mehr vom gehobenen Konsum ausgeschlossen?
Müssen sie nicht auf die Vermögensbildung verzichten? Sollen wir tatenlos, dieser Entwicklung zusehen?

Den Unternehmern ist die gängige Macht genommen. Die Lohnsteigerungen müssen zu höheren Preisen führen, unsere Wirtschaft kennt den Wettbewerb. Die Unternehmer sind also nicht schuld, an der Verbreiterung der Schluchten zwischen unterschiedlichen Branchen.

Noch eins. Früher galt, Vater arbeitet, Mutter besorgt den Haushalt. Es liegt mir ferne, Frauen ihre jetzt vergütete Arbeit zu nehmen. Sie haben das Recht, sich in ihrer Arbeit zu verwirklichen oder, und das ist neu, das benötigte Einkommen zu beziehen. Was ich herausstellen will, ohne diese jetzt weitgehend üblichen Doppeleinkommen, wäre unsere soziale Wohlfahrtsgesellschaft schon längst an ihre Grenzen geraten. Auf diese Grenzen steuern wir zu!

Mein Fazit ist der Dreiklang. Ich kenne einen Dreiklang, Freiheit, Würde, Selbstbestimmung. Alle drei haben dieselben Wurzeln, alle drei sind aus demselben Holz.

4.2   Worte, die nicht in das 21. Jahrhundert passen

Wir sind Gewohnheitstiere. In meiner Bank sprach man vom „roten Zettel", den es schon jahrelang nicht gab. Wir sollten unsere Wortwahl überprüfen.

Arbeitgeberbeitrag

Der Erfinder dieses Wortes war der Landjunker Bismarck. Übrigens damals gegen das Widerstreben der Sozialdemokraten, die heute ihr Wohl und Wehe in ihm, dem Arbeitgeberbeitrag suchen. Wie kam Bismarck zu diesem Wort? Ich erkläre mir das so. Bismarck war ein niederdeutscher Junker, Großgrundbesitzer, verantwortlich für sein Gesinde, das er übrigens züchtigen durfte. So weit waren sie von der Würde aller Menschen entfernt. Ob Bismarck züchtigte, ob er es jemand tat, wer es tat, ich weiß es nicht.

Der Grundbesitzer war jedenfalls in der moralischen Pflicht, für das leibliche Wohl seines Gesindes zu sorgen. Diese Pflicht übertrug Bismarck auf die Arbeitgeber. Die SPD schluckte es letztlich. Bei Bismarcks Recht und Macht blieb der SPD nichts anderes übrig, als zuzustimmen. Ihr Festhalten an diesem Recht ist widersinnig. Die SPD weiß, der Unternehmer zahlt nur, wenn er den Preis vergütet bekommt. Fehlt es an der Vergütung, kann er nicht zahlen.

Die Beiträge zur Sozialversicherung waren gedeckelt. So der Beginn der Rente, damals wie heute bei 65 Jahren, zunächst stand noch das 70. Lebensjahr im Gesetz. Selbst das 65. Lebensjahr wurde kaum erreicht. Also genossen sehr wenige den Vorteil der Rente. Die heutige Lebenserwartung liegt um die 80 Jahre.

Sie liegt etwa 15 Jahre über den 65. Lebensjahr. Bei der damals gängigen Lebenserwartung von 65 Jahren, hätte man zu Bismarcks Zeit mit etwa 50 in Rente gehen sollen. Das war unmöglich. Das hätte der Versorgung der Bevölkerung geschadet. Ein vergleichbarer Schaden ist mit unserem Festhalten an der Rente mit 65 zu befürchten, davon später mehr.

Es ist nicht übermittelt, ob jemals ein Arbeitgeber aus seinem Säckel den Arbeitgeberbeitrag leistete. Die meisten, um nicht von Allen zu sprechen, haben ihn ihren Kunden in Rechnung gestellt. Der Beitrag der Arbeitgeber war also immer ein Bestandteil des Lohnes der Arbeitnehmer.

Um dieser Tatsache auch begrifflich gerecht zu werden, schlage ich vor: Das Arbeitnehmerentgelt künftig als Bruttolohn zu bezeichnen. Alle Beiträge, also auch die jetzt von den *Unternehmen* geleisteten, sind vom *Beschäftigten* zu entrichten.

Arbeitgeber – Arbeitnehmer

Wer gibt eigentlich die Arbeitsleistung, das ist doch der Arbeiter. Wer nimmt die Arbeitsleistung, das ist doch der Unternehmer.

Das kann man zu Bismarcks Zeit anders verstanden haben, aber heute im 21. Jahrhundert, sollte man diese Tatsachen respektieren. Deshalb künftig: Unternehmer – Beschäftigte.

Mein Fazit: Worte sind nicht Schall und Rauch, sie stehen für Tatsachen.

Was fordert die Solidarität?

Solidarität hat seit der DDR so einen Gleichmachergeschmack. Darum ist es nötig, zu erklären, was „Solidarität" bedeutet.

Solidarität ist erklärungsbedürftig. In der DDR war sie großgeschrieben. Im Sinne der Sozialen Marktwirtschaft bedeutet Solidarität nicht, für alle das gleiche. Wer mehr kann und wenn der Markt sein „mehr" braucht, dann soll er mehr haben.

Wer arbeitet, soll aber seinen Lebensunterhalt bestreiten und darüber hinaus auch Vermögen bilden können. Das sind die Regeln, die für die Soziale Marktwirtschaft gelten.

Fazit: Das sind die Regeln, die der Freiheit, Würde und Selbstbestimmung aller Beschäftigten dienen.

4.3   Arbeitszeit

Wie man mit der Arbeitszeit daneben liegen kann, haben wir an den Forderungen von Die Linke gesehen. Es gilt einen Weg zu finden, der die solidarischen Verpflichtungen der Arbeitszeit erkennt.

Unsere Lohnpolitik verweigert sich beständig der Solidarität. Ein Beispiel ist die Arbeitszeit. Sie ist immer im Visier der Lohnpolitiker. Für die Lohnpolitiker sind die Arbeitgeber gefühlte Eigentümer der Arbeitszeit. Ich will nachweisen, wir irrig diese Auffassung ist, wie es ihr an Solidarität mangelt.

Richtige Arbeitszeit, Gebot der Solidarität
Also machen wir uns auf die Suche nach der richtigen Arbeitszeit. Der Arbeitszeit, die nicht gefühltes Eigentum der Arbeitsgeber ist. Die Arbeitszeit, die von der Solidarität geboten wird. Dazu vier Fragen.

Frage 1: Wie lange arbeiten wir?
Die erste Frage, die wir zu beantworten haben, ist die nach der Dauer unserer aktuellen Arbeit.

Ich habe die Rechnung schon bei den Löhnen gemacht, trotzdem hier noch einmal. Unsere Jahresarbeitsdauer liegt bei 52 Wochen zu 5 Tagen, das sind 260 Tage. Das ist, ich wiederhole mich, die *Jahresarbeitsdauer.*

Unsere *Jahresarbeitszeit* dagegen, also die Zeit, in der wir Leistungen schaffen, ist kürzer. Wir müssen abziehen die Urlaubs-, die Ausfall- und die Feiertage. Das ergibt 52 Tage (30 + 15 + 7). Die 15 Ausfalltage entsprechen wohl nicht mehr den aktuellen Gegebenheiten. Hier bleibe ich bei den 15 Ausfalltagen. Meine Rechnung soll beispielhaft wirken.

Die 52 Tage sind 20 % von 260 Tagen. Mit anderen Worten, die *Jahresarbeitszeit* beträgt 80 % der Jahresarbeitsdauer.

Frage 2: Wie lange sind Lebensarbeitsdauer und Lebensarbeitszeit?
Die zweite Frage. Wir müssen uns fragen, wie lange sind unsere *Lebensarbeitsdauer* und wie lange unsere *Lebensarbeitszeit.* Angenommen unsere durchschnittliche *Lebensarbeitsdauer* beginnt mit dem 20 Lebensjahr. Zu der Zeit sind wir im Stande, verantwortungsvolle Arbeit zu leisten. Die *Lebensarbeitsdauer* endet mit dem Beginn der Rente, also mit 65 Jahren. Die *Lebensarbeitsdauer* beträgt also 45 Jahr.

Dann ist die *Lebensarbeitszeit* 80 % davon, das sind 36 Jahre.

Frage 3: Für wie viel Menschen arbeitet ein Werktätiger?
Nun zur dritten Frage: Für wie viele Menschen arbeitet ein Beschäftigter. Wir sind 82 Mio. Menschen in Deutschland, von ihnen sind 40 Mio. in Arbeit, dann schafft einer für 2,05 Menschen, praktisch für sich und noch einen.

Frage 4: Für welche Lebensdauer reicht die Lebensarbeitszeit?
Die letzte Frage: Für welche Lebensdauer reicht unsere Lebensarbeitszeit? Wenn ein Beschäftigter in 36 Jahren für 2,05 Menschen arbeite, dann kann man im Durchschnitt 36 Mal 2,05 Jahre alt werden.

Das ergibt nach dieser überschlägigen Rechnung eine Lebenserwartung von etwa 75 Jahre. Nach eigener Berechnung liegt die *Lebenserwartung* zur Zeit bei etwa 80 Jahren. Wir haben also – nach dieser Berechnung – einen Nachholbedarf.

Sicherlich ergeben genauere Rechnungen genauere Resultate. Genauere Rechnungen müssten mit der Stundenzahl rechnen, nicht mit Arbeitstagen. Genauere Rechnungen müssten die Lebensarbeitsdauer unter die Lupe nehmen, und damit die Lebensarbeitszeit.

Folgen der Verkürzung
Da meine Rechnung sich im Großen und Ganzen an Gegebenheiten hielt, kann gesagt werden, wenn wir jetzt die Lebensarbeitszeit verkürzen, dann lasten wir unseren Kindern eine zunehmend längere Arbeitszeit auf. Es wäre also den künftigen Generationen gegenüber – ich wiederhole das Wort gerne – *solidarisch,* jetzt länger zu arbeiten.

Es gibt eine Alternative zur Verkürzung. Wir kaufen Arbeitskraft im Ausland. Das ist bei technischen Leistungen recht einfach zu lösen, Aufträge gehen an ausländische Produzenten, manche sehen darin eine Gefahr für den Ruf deutscher Erzeugnisse. Schwieriger wird es bei Leistungen am Menschen. Wir müssen Indern und Mexikanern eine neue Heimat geben. Ob so oder so, es bleibt für Empfindsame ein Geschmack von Hochmut.

Fazit, unser Verständnis der Arbeitszeit entspricht nicht dem Verständnis von Solidarität! Sie wird von Wünschen geleitet. Wünschen die unangemessen sind. Wünschen, die allein der Wohlfahrt dienen.

4.4   Der Lohn und Beteiligung am Erfolg

Ein Stopp der flächendeckenden Lohnsteigerungen ist zu erklären. Zu erklären für diejenigen, die nur den einen Pfad kennen, Lohnsteigerung bringt mehr. Für sie soll an die Stelle der Lohnsteigerungen ein Anteil am Erfolg treten.

Blick in die Geschichte
Der Weg, den ich ihnen bei den Löhnen aufbürde, ist in etwa vergleichbar mit unserem Weg in die Demokratie.

Vom Herrscher zum Gleichberechtigten

Lange waren wir gewohnt, uns Herrschern unterzuordnen. Damit „beherrscht werden" seine Ordnung hat, erkannten wir im Herrschen eine Gnade Gottes, die selbstverständlich vererbbar und damit erbbar war. Wir hielten noch nichts von der eigenen Würde.

Die Gottesgläubigkeit ging seltsame Wege. Es kam nicht selten vor, dass kein Spross da war, es kam zu Streitigkeiten um die Gnade des Herrschens. Das Volk, die Beherrschten, spielten keine Rolle. Die mit dem Volke der Baiern so fest *verwurzelten* Wittelsbacher hätten vor gar nicht so langer Zeit, Baiern für die Niederlande eingetauscht. Dies alles ohne Rücksicht auf die Menschen, auf die Untertanen. Menschen waren ein Tauschgegenstand.

Bezeichnend auch was Karl XII von Schweden tat. Er hatte keine Kinder, er adoptierte Jean-Baptiste Bernadotte. Bernadotte stammte aus einer einfachen französischen Familie, unter Napoleon brachte er es zum Marschall von Frankreich und dann zum Erbe des Königs der Schweden.

Führungsschichten

Unterhalb des Herrschers bildeten sich Schichten von anderen *„Herrschern"*. Das waren zunächst die Fürsten, dann bildeten die Kapitalisten eine Gruppe, es folgten die Bürger, die meist in den Städten das Sagen hatten. Den Untersatz bildeten die, die allen gehorchen mussten, die von der Gnade der *Herrschenden* abhängig waren.

Eifersüchtig wurde auf das Vorrecht geachtet. In der Gastwirtschaft gab es Tische für Bürger und für andere, so sie überhaupt in dem Lokal Zutritt hatten. Die Unterscheidung wurde streng beachtet. Das Wahlrecht war vom Einkommen abhängig. Wer wenig verdiente, dem stand kein Wahlrecht zu.

Mir ist eine Erzählung in Erinnerung, die diese Abstufungen bestens beschreibt. Ein Mädchen von unten kommt zu einer Dame bürgerlichen Standes. Bald erkennt das Mädchen ihre handwerklichen Fähigkeiten. Sie nutzt sie. Ihre Erzeugnisse finden immer mehr Käufer. Der Erlös geht in die Taschen wie selbstverständlich der Dame. Die Erben speisen das Mädchen, inzwischen eine Frau, mit einem lächerlichen Betrag aus dem Vermögen ab, das die Frau allein erwirtschaftet hat.

Selbstverständlich haben wir heute auch Schichten. Sie sind aber durchlässig. Viele der Milliardäre bezeugen die Durchlässigkeit. Die meisten bis auf die Quandts, haben sich von unten emporgearbeitet.

Fazit, wir sind vor dem Gesetz alle gleich. Wir haben alle dasselbe Wahlrecht. Eine jede Stimme hat denselben Wert. Die Abstufungen sind durchlässig.

Vom Arbeitnehmer zum Arbeitgeber

Die Begriffe Arbeitgeber/Arbeitnehmer erörterten wir bereits. Hier will ich tiefer einsteigen.

Wir kennen in der betrieblichen Hierarchie den Boss oder Vorstand, den Sektionschef, den Abteilungsleiter, den Gruppenführer und den Mitarbeiter. Der Boss sowieso ist wie der Vorstand am Ergebnis beteiligt. So war es nach dem Schwung, den die Industrialisierung nahm.

Anders die Reaktion der Industriepioniere Benz, Siemens, Bosch, Abbe um nur einige zu nennen. Sie waren auf die aktive Mithilfe aller ihrer Mitarbeiter angewiesen, sie standen Tag und Nacht bereit. Für die Industriepioniere war es selbstverständlich, ihre Mitarbeiter am Erfolg zu beteiligen. So war es und so ist es noch heute der Fall.

Aber auch da blieb es bei den Abstufungen. Dazu eine Erzählung aus den 1950-ern über Siemens in München. Für die Mitarbeiter der in München angesiedelten Verwaltung baute Siemens Hochhäuser. Gesagt wird, Oberbeamte erhielten ein weiße Kloschüssel, Beamte eine schwarze. Die Kinder eines Beamten gehen nicht pfleglich mit der schwarzen um, die Eltern kaufen eine neue, in Weiß. Zum Kennenlernen trifft man sich bei Einladungen. Dabei ist das Örtchen notgedrungen aufzusuchen. Schon wird getuschelt, ist er jetzt Oberbeamter? Die Leitung ruft ihn zum Rapport, er verweigert, die weiße durch eine schwarze zu ersetzen, Resultat? In meinen Bekanntenkreis erriet das niemand, ich auch nicht. Er wurde befördert. Ich weiß nicht, ob die Erzählung wahr ist, aber sie entspricht der herrschenden „Abstufung".

In den Betrieben gibt es die Abstufungen noch immer. Nahezu ein Berufsleben lang erhielt ich einen Bonus für meine Beteiligung am Erfolg. Ich hatte eine kundige Schreibkraft, ich musste meine Arbeitskraft nicht mit Korrekturen vergeuden, sie erhielt keinen Bonus. Es geht mir um diese Abstufung, um ihre Einebnung.

Die Abstufung ist zu beenden, alle sind am Erfolg zu beteiligen. Als Gegenleistung wird auf tarifliche flächendeckende Lohnsteigerungen verzichtet.

Der Gewinn und der Anteil der Mitarbeiter

Der Gewinn ergibt sich aus dem Jahresabschluss. Der Anteil der Belegschaft am Gewinn ergibt sich aus dem Anteil der Personalkosten an den Kosten.

Wie der Gewinn auf die Belegschaft zu verteilen ist, bestimmt eine Betriebsvereinbarung. Zu denken ist an gleiche Beträge oder an Beträge, die dem jeweiligen individuellen Lohnanteil entsprechen.

Der Gewinn besteht aus dem ausschüttungsfähigen und dem zu thesaurierenden Gewinn. Der ausschüttungsfähige Gewinn wird ausgeschüttet. Der thesaurierte Gewinnanteil ist zur Risikobegrenzung einen zu gründenden Fonds zu übertragen, in dem alle thesaurierten Gewinne aller Unternehmen gesammelt werden.

Ein Fonds für alle thesaurierten Gewinne dient der Begrenzung des Risikos. Das Risiko wird auf mehrere Schultern verteilt.

Der Mitarbeiter erhält einen Fondsanteil, über ihn darf er verfügen, sobald er in den Ruhestand tritt. Fondsanteile sind vererbbar, Erben dürfen zu jeder Zeit über ihren Anteil verfügen, die Teilung des Anteils auf mehrere Erben ist auszuschließen.

Den Unternehmen ist es freigestellt, Ansprüche des Fonds an ihr Unternehmen zu erwerben. Der Fonds darf Ansprüche nur im Einvernehmen mit dem Unternehmen an Dritte übertragen. Der Fonds erhält seinen Anteil am ausschüttungsfähigen Gewinn, den er an die Fondseigentümer ausschüttet.

Bei der Feststellung des Gewinns eines Unternehmens, sind die Gehälter der Geschäftsführer zu betrachten und die zugesagten Gewinnbeteiligungen an Mitarbeiter. Es ist zu vermeiden, dass der Gewinn unangemessen durch Geschäftsführer Gehälter gemindert wird. Andererseits soll das Recht der Gesellschafter nicht beschnitten werden, die Geschäftsführer nach eigenen Vorstellungen zu honorieren.

Geschäftsführer erhalten deshalb einen Teil, der den Gewinn mindert, und einen Teil, den die Gesellschafter aus ihrem Ergebnisanteil leisten. Der den Gewinn mindernde Teil ist in einer Betriebsvereinbarung fest zu legen. Maßstab kann das Einkommen der Mitarbeiter sein. Ich neige dazu, das Durchschnittseinkommen zu wählen. Das x-Fache des Durchschnittseinkommens könnte dann als abziehbares Gehalt anerkannt werden.

Mitarbeiter, die eine Beteiligung an den von ihnen erzielten Gewinn unmittelbar erhalten, haben keinen Anspruch darüber hinaus.

Zu klären ist, wer schlägt die Höhen des ausschüttungsfähigen und des thesaurierten Gewinns vor. Wer verwaltet den Fonds, ich denke an die kfw. Nach 50 Jahren ist die Zuteilung der thesaurierten Gewinns zu prüfen.

Mein Fazit. So ist die ersehnte reale Soziale Marktwirtschaft anzustreben.

4.5   Erfassen der Erbschaftssteuer für Unternehmensanteile

Der Griff auf die Erbschaftssteuer für Unternehmen soll eine Gerechtigkeitslücke schließen.

Kapitalbildung während der Industrialisierung

Ich stehe vor einem Problem. Ich spreche von historischen Gegebenheiten. Ich arbeite *meine* Sicht auf historische Gegebenheiten heraus. Diese Sicht ist letztlich ausschlaggebend für die Folgerungen, die ich anstrebe. Damit setze ich mich mit großer Wahrscheinlichkeit über die Verhältnisse hinweg, wie sie damals gegeben waren. Ihnen will ich mit meinen Kräften Raum geben.

Es gab Berufe, die durch die Mechanisierung überflüssig wurden. Ich denke an die Treidler, die Schiffe stromaufwärts zogen. Sie bewarfen die Motorschiffe mit Steinen. Ich denke auch an die Weber. Für das Schicksal der schlesischen Weber fand Heinrich Heine Worte.

> Im düstern Auge keine Träne,
> Sie sitzen am Webstuhl und fletschen die Zähne:
> Deutschland, wir weben dein Leichentuch,
> Wir weben hinein den dreifachen Fluch -
> Wir weben, wir weben!
>
> Ein Fluch dem Gotte, zu dem wir gebeten
> In Winterskälte und Hungersnöten;
> Wir haben vergebens gehofft und geharrt,
> Er hat uns geäfft und gefoppt und genarrt -
> Wir weben, wir weben!
>
> Ein Fluch dem König, dem König der Reichen,
> Den unser Elend nicht konnte erweichen,
> Der den letzten Groschen von uns erpreßt
> Und uns wie Hunde erschießen läßt -
> Wir weben, wir weben!
>
> Ein Fluch dem falschen Vaterlande,
> Wo nur gedeihen Schmach und Schande,
> Wo jede Blume früh geknickt,
> Wo Fäulnis und Moder den Wurm erquickt -
> Wir weben, wir weben!
>
> Das Schiffchen fliegt, der Webstuhl kracht,
> Wir weben emsig Tag und Nacht -
> Altdeutschland, wir weben dein Leichentuch -
> wir weben hinein den dreifachen Fluch -
> Wir weben, wir weben!

Gegen Nöte dieser Art sind wir heute gewappnet.

Die Industrialisierung war ein Gebot der Zeit. Die Bevölkerung wuchs, die Produktivität der tradierten Arbeitsprozesse genügte nicht den wachsenden

Ansprüchen. Die neuen Industrien waren – wie konnte es anders sein – in Händen elitärer Schichten.

Sie zahlten ihren Mitarbeitern einen kargen Lohn. Er reichte – wenn überhaupt – für ein einfaches Leben. Die elitären Schichten benutzten den erzwungenen „Lohnverzicht" zur Kapitalbildung. Zu ihrer Rechtfertigung, die Kapitalbildung kann dem damaligen Risiko geschuldet sein, kann der steigenden Nachfrage geschuldet sein. Sie bleibt aber, und darauf will ich hinaus, eine Kapitalbildung auf den Schultern der Schwachen. Daraus resultiert ein Anspruch auf das zu Lasten der Armen gebildete Kapital.

Es ging auch anders. Das bezeugen die Industriepioniere. Sie, Bosch, Daimler, Siemens und andere waren Nutznießer einer Zusammenarbeit mit einsatzbereiten Mitarbeitern. Für diese Zusammenarbeit dankten sie mit einer Erfolgsbeteiligung. Sie ist noch heute in den Häusern üblich.

Ist die Gerechtigkeitslücke zu schließen?
Diese Frage ist wichtig. Sie stellt eine mehr als 100-jährige Geschichte infrage. Sie nagt an den Fundamenten unseres Systems. Doch noch nie war die Mitarbeit breiter als heute. Noch nie lag so viel Kompetenz bei den Mitarbeitern. Noch nie wurde so viel in die Bildung investiert wie heute. Was ist von der Bildung zu erwarten?

Ergebnis der Bildungsoffensive können nur selbstbewusste Menschen sein. Ihr Selbstbewusstsein muss sich mit entsprechenden Regeln paaren. Das kann durch Schließung der Gerechtigkeitslücke geschehen.

Wie ist sie zu schließen?
Die Gerechtigkeitslücke entstand individuell. Jeder Lohnempfänger war betroffen. So ist eine individuelle Schließung der Gerechtigkeitslücke unmöglich. Damit verbietet sich auch jede individuelle Beteiligung an der Schließung der Gerechtigkeitslücke.

Damit kommen Erfolgsbeteiligungen nicht in Betracht. Es bleibt der Griff auf das Kapital. Dafür gibt es in der Bibel ein Vorbild. Als Moses am Berge Sinai Gottes Gebote erhielt, forderte unten im Tal die Menge von Aaron „Wohlan mach uns Götter, die vor uns herziehen!" Und sie stifteten Gold aus Ringen und Aaron goss ein goldenes Kalb. Moses kam mit den Tafeln der 10 Gebote herab vom Berg, nahm das Kalb, ließ es im Feuer verbrennen und zermalmte es zu feinem Staub, den er ins Wasser schüttete, er gab den Israeliten vom Wasser zu trinken. Wer das Wasser genoss, genoss das Gold. Genauso allgemein genießbar wäre ein Griff auf das Kapital.

Wer soll nach dem Kapital greifen?

Sicher wird der Staat *wollen.* Der Staat als Schirm und Schutz der Armen. Das sind Arme, die kein Selbstbewusstsein kennen, die Selbstbestimmung meiden. Die den Ruf der Aufklärung nicht hören.

Im 21. Jahrhundert werden Menschen dieser Art immer seltener. Es gilt, die Gerechtigkeitslücke in einer Weise zu schließen, wie sie dem Menschen in unserem Jahrhundert gerecht werden kann. Wie also sind Beteiligungen Aller am Kapital zu gestalten?

Erhards Volkskapitalismus?

Lassen Sie mich hier den Kampf Erhards um die Beteiligung Beschäftigter am Kapital streifen. Mir scheint das wichtig, weil es die Denkweise aufdeckt, mit der Erhard eine Lücke schließen wollte.

Sein erster Griff war die Volksaktie. Ich erlebte Erhard, ich habe an seiner Art Anteil, das Volk am Kapital zu beteiligen. Ich erwarb die ersten VW-Volksaktien und ich erwarb Belegschaftsaktien der Bank, bei der ich beschäftigt war. Die als Volksaktie stark umworbene Telekom -Aktie war ein Reinfall. Die Geschäftsführung traf falsche Entscheidungen.

Erhards Volkskapitalismus habe ich mir nie so vorgestellt, dass der Produktionsfaktor „Arbeit" alle Macht in Händen hält. Eher ging es ihm um eine gemeinsame Teilhabe der Produktionsfaktoren *Kapital und Arbeit* an der *wirtschaftlichen* Macht. Und, nur an ihr, nicht an der politischen Macht.

Erhards bittere Erfahrung

Erhards Vorstellung von den Volksaktien erlitt starke Dämpfer. *Volksaktien* verblieben meist *nicht* beim „*Volk"*. Wer Volksaktien (VW) erwarb, trennte sich oft von ihnen. Der Kursgewinn war Anreiz genug, sich Wünsche zu erfüllen. Arbeiter hatten Mäuler zu stopfen. Dazu war der Kursgewinn bestens geeignet. Geeignet auch für den ersten Urlaub in Italien, geeignet für den Erwerb des ersten Autos.

Die Belegschaftsaktien sind der Belegschaft vorbehalten, also eine gezügelte Volksaktie.

Volkskapitalismus und Gemeinschaftsverständnis

Was Erhard trieb, ich weiß es nicht. Das Gemeinschaftsgefühl der in einem Betrieb arbeitenden dürfte ihn beschäftigt haben. Ihm waren sie bekannt – die Industriepioniere. Sie schufen ein damals wohl ungewöhnliches partnerschaftliches Verhältnis.

Was suche ich?

Ich will die Gerechtigkeitslücke schließen. Ich will eine Kapitalbeteiligung, die allen Beschäftigten zu Gute kommt.

Griff auf die Erbschaftssteuer

Dem Staat plagt die Schwierigkeit, er muss mittelständischen Unternehmen bei der Vererbung Steuern abverlangen, die er nicht haben will. Der Bestand des Unternehmens, seiner Arbeitsplätze, seine Kreativität und seine vielfachen anderen Leistungen sind gefährdet. In der deutschen Wirtschaft geben klein- und mittelständische Betriebe den Ton an. Die Folgerungen wiegen schwerer als der Vorteil aus der Erbschaftssteuer.

Anderseits entsteht wieder eine Gerechtigkeitslücke, wenn der Staat auf die Erbschaftssteuer verzichtet. Warum soll ein Bürger, der seine Einkünfte aus einem Unternehmen bezieht, bessergestellt sein als ein Bürger, der Einkünfte aus Aktien bezieht?

Im Grunde verzichtet der Staat auf die Erbschaftssteuer der Beschäftigten wegen. Beschäftigte haben damit ein gefühltes Recht auf die Erbschaftssteuer.

Lösungsvorschlag

Die Erbschaftssteuer wird veranlagt. Will oder kann der Erbe sie nicht zahlen, wird die Forderung in eine Beteiligung am Unternehmen umgewandelt. Damit ist das Unternehmen wie zuvor finanziert.

Der Staat überträgt den Wert der Erbschaftssteuer entweder in bar oder in Form einer Beteiligung in einen Fonds.

In diesen Fonds fließen alle Beträge, die sich aus der Erbschaftssteuer für Unternehmen ergeben.

Der Fonds nimmt mit seinen Beteiligungen an den Ergebnissen anteilsmäßig teil. Die Ergebnisse dienen der Minderung der Sozialabgaben.

Der Erbe kann die Beteiligung jederzeit zum aktuellen Wert ablösen. Der Wert darf nicht unter dem Einstandswert liegen.

Verwaltung

Die Beteiligung kann unterschiedlich gestaltet werden. Sie ist von fachkundigen Stellen zu verwalten. Mir scheint die kfw geeignet.

So ist die Gerechtigkeitslücke zu schließen.

Zurück zu Rilke. Die Ringe, die sich über meine Dinge zogen, waren nicht allzu groß. Meinen letzten aber schließe ich mit einem großen Gesang. Er bricht mit einem Tabu. Dem Tabu des Schweigens zu der Lohnpolitik, dem Tabu des Verschweigens der Wohlfahrtswirtschaft – sie und nicht die Sozialen Marktwirtschaft lenken unser Geschick.

Ich rühre nicht mit dem Finger in unseren Schwächen. Ich zeige, wie die Lohnpolitik beständig sein kann, damit die Soziale Marktwirtschaft in Freiheit, Würde und Selbstsicherheit blüht. Das ist der Dreiklang, der den gebildeten Menschen abbildet. Für den Staat habe ich Schillers Worte, *„Der Staat ist niemals Zweck, er ist nur wichtig als eine Bedingung, unter welcher der Zweck der Menschheit erfüllt werden kann..."!*

Was Sie aus diesem *essential* mitnehmen können

- Nach Schiller ist der Staat verpflichtet, Bildung und damit Selbstbestimmung der Menschen zu fördern. Wenn nicht im 21. Jahrhundert, wann dann wird der Mensch zum Ziel: Als vom Staat unabhängiger selbstbestimmter Mensch.
- Das Ziel: Der Mensch, der nicht zu den Tafeln drängt, der Mensch, der nicht am Mindestlohn hängt. Der Mensch, der sich versorgen kann, der Mensch, der „wieder" Vermögen bildet.
- Das Ziel: Fordert ein Umdenken. Statt der ins Unendliche strebenden Lohnsteigerungen erhalten Arbeiter ihren Anteil am Erfolg. Ein Neuentwurf erfasst die Erbschaftsteuer für Betriebsvermögen. Sie soll helfen, die Sozialbeiträge zu begrenzen, und so, die Nachfragekraft des Lohnes zu bessern.
- 2019 denken wir an Alexander von Humboldt. Er lehrte: „Alles hängt mit Allem zusammen!" Es geht nicht allein um Lohn, es geht um den Zusammenhalt der Gesellschaft.